Entre filles

Un programme de lutte contre les préjugés

et de sensibilisation à la dépression

à l'intention des jeunes femmes

Projet de recherche-développement

participatif de l'équipe VALIDITY♀

GUIDE DE L'ANIMATRICE

Énoncé de mission du programme Entre filles
Entre Filles procure un environnement sécuritaire permettant aux jeunes filles d'échanger entre elles tout en se familiarisant avec la dépression et ses causes possibles. Par des activités artistiques et récréatives, elles développeront leur conscience de soi, des stratégies d'adaptation et une pensée critique.

Entre filles : Un programme de lutte contre les préjugés et de sensibilisation à la dépression à l'intention des jeunes femmes

Guide de l'animatrice

ISBN : 978-1-77052-478-1 (VERSION IMPRIMÉE)
ISBN : 978-1-77052-479-8 (PDF)
ISBN : 978-1-77052-479-8 (HTML)
ISBN : 978-1-77052-481-1 (ePUB)
CODE DE PRODUIT : PG 138

Imprimé au Canada

Mention suggérée :
Équipe VALIDITY♀, CAMH. *Entre filles : Un programme de lutte contre les préjugés et de sensibilisation à la dépression à l'intention des jeunes femmes. Guide de l'animatrice,* Centre de toxicomanie et de santé mentale, Toronto, 2010.

Cet ouvrage est offert en divers formats. Pour tout renseignement sur les autres formats ou d'autres publications de CAMH, ou encore pour passer une commande, communiquer avec le service des Ventes et distribution :

Sans frais : 1 800 661-1111
Toronto : 416 595-6059
Courriel : publications@camh.net
Boutique en ligne : http://store.camh.net

Site Web : www.camh.net

4058/10-2009 PG 138

ISBN 978-1-77052-478-1
9 781770 524781

TABLE DES MATIÈRES

REMERCIEMENTS

Ce guide a été créé par une équipe de femmes dynamiques qui désiraient habiliter les jeunes et leur permettre de développer la résilience. Nous désirons remercier toutes les personnes qui ont collaboré à l'élaboration du programme Entre filles de ce Guide de l'animatrice.

AUTEURE PRINCIPALE
Cathy Thompson, CAMH

COLLABORATRICES
Chantal Wade, Pam Gillett,
Angela Martella, CAMH

GROUPES DE DISCUSSION
Youth Net Halton et Youth Net/Réseau Ado Ottawa

RÉVISEURES
Karen Degagne, Youth Net/Réseau Ado Ottawa
Maryse Dubé, Conseil scolaire de district catholique de l'Est ontarien
Monique Bouvier, CAMH
Kim Baker, CAMH
Merryl Bear, National Eating Disorder Information Centre
Fran Buchanan, Hamilton Family Health team
Katie Cino, Youth Net Halton
Jennifer Minn, For You Telecare Family Service, North York
Monica Nunes, CAMH
Michelle Petersen, Youth Net/Réseau Ado Ottawa
Neena Riarh, Service de santé de la région de Peel

CONCEPTION DE PRODUIT
Julia Greenbaum,
Cathy Thompson, CAMH

ÉDITION
Nick Gamble, CAMH

LECTURE D'ÉPREUVE
Hélène Lussier

TRADUCTION
Traductions À la page

GRAPHISME
Nancy Leung, CAMH

PRODUCTION
Christine Harris, CAMH

Nous aimerions particulièrement reconnaître l'engagement continu de l'équipe du projet VALIDITY♀ et de toutes les jeunes femmes qui ont participé à ce programme.

NOTE AUX FOURNISSEURS DE SERVICES

Le programme Entre filles est issu d'un besoin pressant pour les adolescentes d'avoir un lieu sécuritaire où elles pourraient se retrouver et échanger entre elles. Même si ce programme se veut complet, il ne répondra pas aux besoins de tous les groupes; nous vous encourageons alors à l'adapter aux besoins des filles de votre groupe. Amenez-les à comprendre que le programme Entre filles peut rehausser chez elles leur résilience et leurs stratégies d'adaptation. Mais surtout, amusez-vous! Nous vous remercions de votre dévouement envers le programme Entre filles.

Les membres de l'équipe VALIDITY♀ de CAMH
www.camh.net/validity

PARTIE 1
Introduction

Qu'est-ce que le programme Entre filles ?

Entre filles est un programme contre les préjugés composé de huit séances et qui s'adresse aux adolescentes généralement âgées entre 13 et 16 ans. Il a pour but de prévenir la dépression chez les jeunes femmes et de les renseigner sur cette maladie. Ce programme n'est pas conçu pour les jeunes femmes qui ont reçu un diagnostic de dépression ou qui suivent actuellement un traitement pour la dépression.

Ce programme est issu d'un vaste projet de recherche à action participative qui s'appelle VALIDITY♀ (acronyme anglais de l'Étude dynamique de la dépression chez les jeunes femmes d'aujourd'hui) et qui vise à mieux comprendre les facteurs à l'origine de la dépression chez les jeunes femmes afin de mettre au point des stratégies, de la documentation et des interventions pour contrer ces facteurs.

Tout au long de l'élaboration et de la mise en œuvre des activités de ce projet, les jeunes femmes ont pris une part active en occupant des postes de leadership y compris l'animation de groupes de discussion dans diverses collectivités de la province. Cette démarche a permis de recueillir de l'information fournie par des jeunes filles et des fournisseurs de services sur la dépression chez les jeunes femmes et de planifier une conférence provinciale à Windsor en 2001.

Le besoin d'un lieu sécuritaire où les jeunes filles pourraient se retrouver et être elles-mêmes, en oubliant les pressions constantes de l'adolescence et de la vie quotidienne, est ressorti comme thème principal de tout ce processus. Les jeunes femmes avaient particulièrement besoin d'un environnement positif pour parler de leurs sentiments à d'autres jeunes filles, sans craindre les commentaires négatifs ou le ridicule. D'après elles, les préjugés entourant la maladie mentale est un important obstacle pour obtenir de l'aide. Elles ont aussi souligné la nécessité de renforcer l'estime de soi, de développer de bonnes relations interpersonnelles, de comprendre l'influence des médias sur les jeunes femmes et de renseigner les parents, enseignants et fournisseurs de services sur la dépression et l'aide qu'ils peuvent apporter aux jeunes femmes.

Créé par le Centre de toxicomanie et de santé mentale (CAMH), le programme Entre filles a vu le jour à la lumière des conclusions des groupes de discussion, de la conférence et des recommandations du groupe d'action jeunesse VALIDITY♀. Afin de préserver le modèle pro jeunesse, CAMH a fait appel à Youth Net/Réseau Ado d'Ottawa et au programme Youth Net de Halton afin de mettre à l'essai ce programme au printemps 2004. Le programme fût si bien reçu qu'il fait maintenant partie de la programmation régulière de ces deux organismes. CAMH reconnaît les besoins d'offrir ce genre de programmes aux jeunes filles. C'est pourquoi il a dirigé la mise à jour et la diffusion de ce guide de l'animatrice afin de le rendre accessible aux organismes de tout le Canada.

Analyse documentaire

De nombreux documents cliniques et empiriques* décrivent l'adolescence comme une période où les femmes sont particulièrement vulnérables (Marcotte et coll., 2002 ; Manion et coll., 1997). La recherche révèle qu'à partir du début de l'adolescence, comparativement aux garçons, les filles sont plus stressées (Colton et Gore, 1991), plus déprimées (Marcotte et coll., 2002 ; Nolen-Hoeksema et Girgus, 1994), ont une plus faible estime de soi (Chubb et coll., 1997), sont davantage touchées par les troubles de l'alimentation (Croll et coll., 2002) et éprouvent davantage d'insatisfaction à l'égard de leur corps (Brumberg, 1997 ; Harter, 2000). Gilligan et coll. (1990) ont décrit l'adolescence comme une période où les filles « perdent leur voix », c'est-à-dire qu'elles ont moins confiance en leur capacité à exprimer leurs besoins et opinions. Il existe des preuves constantes d'un déclin de la santé mentale et du bien-être chez les jeunes filles à l'adolescence, lequel persiste souvent à l'âge adulte.

* Nous devons cette analyse documentaire à la Dre Donna Akman de CAMH.

Une analyse documentaire de la prévention et des traitements chez les adolescentes révèle que les programmes offerts sont généralement axés sur un problème particulier ; c'est-à-dire qu'ils ont été conçus pour cibler des symptômes précis dans le but de les atténuer. Les études portant sur l'efficacité de ces programmes donnent des résultats variables. Ce constat a fait ressortir la nécessité de mettre en œuvre des programmes ciblant des facteurs généraux plutôt que des comportements liés à un symptôme particulier (Shisslak et Crago, 2001). Par exemple, selon Striegel-Moore et Cachelin (1999), des capacités d'adaptation et une auto-efficacité bien développées peuvent constituer des facteurs de protection contre certains problèmes de santé mentale. D'après Turner (1995), l'estime de soi et l'auto-efficacité sont peut-être les principaux traits psychologiques des personnes résilientes. En fait, on a déterminé que l'estime de soi exerce un effet tampon sur une variété d'agents stressants (Statistique Canada, 2003). Selon les résultats de l'Enquête longitudinale nationale sur la santé de la population de 2003 (Statistique Canada, 2003), une image de soi négative, telle qu'indiquée par une estime de soi et un sentiment de contrôle faibles, s'est révélée un facteur prédicteur de dépression chez les jeunes filles. En outre, les adolescentes ayant une image négative d'elles-mêmes étaient plus susceptibles d'avoir une opinion négative de leur santé et de souffrir d'obésité. Ces résultats ont amené les auteurs à conclure qu'une image de soi positive semble constituer un facteur clé dans le développement d'une bonne santé mentale et physique (Statistique Canada, 2003).

La formation de groupes exclusivement constitués de personnes de sexe féminin est considérée comme idéale dans le cadre de ces programmes. Les théories relationnelles portant sur le développement psychologique des femmes insistent sur l'importance des liens entre filles et femmes (Gilligan, 1992, Gilligan et coll., 1992). Les groupes entièrement féminins pourraient favoriser davantage l'établissement de tels liens que les groupes mixtes (Chaplin et coll., 2006).

Acquis développementaux

L'objectif fondamental du programme Entre filles consiste à renforcer la résilience chez les jeunes femmes. Le Search Institute (organisation à but non lucratif américaine qui fait la promotion du changement positif au nom des jeunes) propose une liste de 40 acquis développementaux dont les jeunes ont besoin pour grandir sainement et devenir des personnes attentionnées et responsables. Le programme Entre filles englobe bon nombre d'entre eux.

Parmi les acquis externes, Entre filles traite du *soutien*, de la *prise en charge*, des *limites et attentes* et de l'*utilisation constructive du temps*. Les jeunes femmes ont l'occasion d'apprendre en compagnie d'adultes attentionnés à leur école ou dans leur communauté et disposent de méthodes d'apprentissage combinant les volets physique et artistique. Les participantes apprennent également l'une de l'autre et établissent des liens qui les outillent pour faire face aux difficultés qui surgissent dans leur vie.

Le programme Entre filles favorise également le développement d'acquis internes chez les jeunes filles. Plus particulièrement, le programme influence grandement l'*identité positive* chez les participantes. Il incite les adolescentes à se concentrer sur leur propre *pouvoir personnel, estime de soi et sentiment d'utilité.* À l'issue du programme, les animatrices encouragent les participantes à réfléchir à l'adoption d'une *vision positive de leur avenir.*

Pour de plus amples informations à propos de la structure des acquis développementaux, veuillez visiter le site Web suivant : http://www.search-institute.org/assets.

Survol du programme

OBJECTIFS DU PROGRAMME

À l'issue du programme, les participantes devraient être plus familiarisées avec la dépression, ses causes possibles, ses symptômes ainsi que les traitements disponibles. Les jeunes femmes comprendront mieux le lien entre la dépression et l'estime de soi, l'image corporelle, le stress, les relations interpersonnelles et les images véhiculées par les médias. Elles apprendront aussi à se servir de leurs habiletés pour faire face aux défis de la vie quotidienne.

DESCRIPTION DU PROGRAMME

Entre filles comprend des activités expérientielles qui encouragent la participation des jeunes filles sur les plans physique, artistique et intellectuel. Une grande partie du programme est consacrée aux discussions permettant aux participantes d'établir des liens personnels et de discuter de sujets qui leur tiennent à cœur.

Le programme se compose de huit séances hebdomadaires d'environ 90 à 120 minutes. Le programme est animé par deux professionnelles ayant de l'expérience auprès des jeunes femmes et sensibles à la réalité des jeunes.

COMPOSANTES DU PROGRAMME

Chaque séance comprend les éléments suivants :
- matériel pédagogique sur un sujet déterminé ayant trait à la dépression
- discussion de groupe
- activité (artistique ou physique)
- rédaction d'un journal personnel

Les sujets abordés durant ces séances ont été déterminés dans le cadre du projet VALIDITY♀ (proposés par les jeunes femmes) et de recherches sur les facteurs liés à la dépression chez les jeunes femmes. Les principaux sujets abordés sont la dépression, les préjugés, le stress, les relations interpersonnelles, l'estime de soi, les médias et l'image corporelle.

RÔLE DES ANIMATRICES

Les animatrices font partie intégrante du succès du programme. Les animatrices agissent à titre de modèles, faisant ressortir les forces individuelles des participantes. Tout en animant les sessions, les animatrices sont responsables de réviser la leçon avant chaque séance, de s'assurer que les collations sont adéquates et d'avoir en main le matériel nécessaire, ainsi que de remplir les formulaires obligatoires.

Les animatrices peuvent être toute professionnelle ayant de la facilité avec les jeunes et connaissant bien le travail en milieu communautaire ou scolaire. Habituellement, elles ont reçu une formation en animation de groupes de discussion ou sont travailleuses sociales, enseignantes, conseillères en orientation, stagiaires ou étudiantes universitaires bénévoles. Voici les principales qualités que devraient posséder les animatrices :
- écoute active
- excellent sens de l'organisation
- expérience auprès des jeunes
- expérience à titre d'animatrice de groupes de jeunes

Dans la mesure du possible, l'animatrice devrait refléter la diversité du groupe.

Avoir un invité spécial est aussi une bonne option : une personne qui dévoile son expérience de la dépression est une excellente façon d'atténuer les préjugés associés à la maladie mentale. Ceci permet aux filles de poser des questions et de discuter de la dépression dans une ambiance décontractée. Le contenu et les messages clés devraient inclure l'expérience de l'invité, les composantes de son rétablissement, ainsi qu'un message d'espoir pour celles qui vivent avec la dépression.

MATÉRIEL ET INSTALLATIONS

Si cela est possible, ayez un local réservé aux séances du programme. La salle devrait être assez grande et dégagée, c'est-à-dire offrir un espace suffisant pour effectuer les activités du programme. Étant donné la nature délicate de certaines discussions qui ont lieu dans le cadre des séances, il est préférable de trouver un local qui ne sera pas utilisé par un autre groupe au même moment.

Une liste du matériel requis est prévue pour *chaque* séance et comprendra *à tout le moins* des collations ou rafraîchissements, des journaux personnels et des stylos.

BUDGET

Le programme Entre filles peut être mis en œuvre à peu de frais. Les coûts principaux du programme sont l'espace pour l'animation de groupe, le matériel et les rafraîchissements. Dans plusieurs communautés, le matériel et la nourriture peuvent être achetés dans les magasins à rabais. Souvent, les écoles ou les regroupements communautaires ont de l'espace qui peut être offert gratuitement ou à un coût modeste.

CERTIFICATS ET RAFRAÎCHISSEMENTS

La séance 8 du guide de l'animatrice inclut un Certificat de participation que l'on peut remettre aux participantes qui « terminent » le programme.

Durant la phase pilote, les participantes avaient mentionné qu'elles appréciaient les goûters et rafraîchissements offerts à chaque séance, mais ceci n'est pas obligatoire si des contraintes budgétaires se présentent. Tentez de fournir de la nourriture qui est bonne pour la santé (fruits, légumes, pains à grains entiers, etc.).

AVANT DE COMMENCER

Le projet VALIDITY♀ a élaboré deux ressources qui complètent le Guide de l'animatrice Entre filles :

- *Écoutez-moi, comprenez-moi, soutenez-moi : Ce que veulent nous dire les jeunes femmes sur la dépression* (2006), ce document a été réalisé par des jeunes filles et des fournisseurs de services. On trouve dans ce guide des témoignages et des ressources recommandées par des jeunes femmes à l'intention d'autres jeunes femmes et fournisseurs de services. Il expose également des informations importantes sur les divers défis que doivent relever les jeunes femmes dans la société moderne.
- *« Parlons-en : Savez-vous vraiment qui je suis ? »* (2008) une affiche a été élaborée par des jeunes femmes afin d'entamer le dialogue avec les fournisseurs de services à propos des problèmes que vivent les jeunes filles et qui affectent leur santé dans son ensemble.

Ces deux ressources sont disponibles sur le site www.camh.net/validity. On retrouve tout au long du guide de l'animatrice des citations et des ressources tirées du document *Écoutez-moi, comprenez-moi, soutenez-moi* qui peuvent être utilisées dans le cadre du programme Entre filles. **Nous suggérons également de commander une affiche « Parlons-en »**, pour rappeler aux participantes qu'il existe une multitude de facteurs qui peuvent influencer leur santé.

Comment utiliser le guide de l'animatrice

Ce guide contient des plans détaillés pour chacune des séances du programme, des exemplaires de tous les documents à distribuer ainsi que des renseignements généraux. Les observations des jeunes femmes qui ont participé à l'élaboration du programme Entre filles et du guide nous ont été d'un précieux secours.

Les plans des séances sont toujours présentés de la même façon et comprennent les sections suivantes :

- aperçu des objectifs
- matériel requis durant la séance
- ressources recommandées
- sujet de discussion (des références documentaires sont fournies aux animatrices)
- instructions pour les activités
- sujet à aborder dans le journal personnel

Les séances durent habituellement entre 1,5 et 2 heures. Le temps prévu pour chaque activité est indiqué dans chaque plan de séance, mais variera selon les intérêts du groupe.

Sous chaque *sujet de discussion*, il y a des notes à l'intention des animatrices. Il n'est pas nécessaire de traiter de tous les points énoncés ; ces renseignements sont fournis aux animatrices à titre de référence.

Vous pouvez consacrer 10 minutes au début ou à la fin de chaque séance pour aborder les questions qui préoccupent les participantes du groupe à ce moment précis. Il s'agit d'une suggestion faite par des jeunes femmes ayant déjà participé au programme Entre filles.

Conseils aux animatrices

On recommande aux animatrices, surtout si c'est leur première expérience dans le cadre du programme, de lire attentivement les plans des séances à l'avance pour savoir quel est le matériel requis et l'usage qui en sera fait. (Dans presque toutes les séances, il y a des documents à distribuer).

Prenez le temps de discuter avec votre coanimatrice de la répartition des rôles et de la façon dont se déroulera la séance. Il est également conseillé de faire un bilan après chaque séance pour assurer le bon fonctionnement de votre partenariat et partager vos impressions sur le déroulement du programme. Vous trouverez, à la page 10, une fiche d'évaluation des séances* sur laquelle vous pouvez consigner vos observations. S'il importe d'aborder tous les objectifs prévus à chaque séance, il faut cependant faire preuve de souplesse et s'adapter à leurs besoins et à leur âge.

*Cette affiche est adaptée de celle créée par le For You Telecare Family Service de Toronto qui dispense le programme Entre filles.

Dans l'Annexe de ce guide (« Queen D », p.97), vous trouverez des réponses aux questions souvent posées au sujet de la dépression. Elles ont été rédigées par des jeunes femmes qui ont vécu la dépression. Vous pouvez utiliser ce matériel durant les séances ou l'imprimer pour de la lecture à la maison.

Afin d'évaluer l'efficacité du programme Entre filles, ce guide fournit un prétest (à être rempli par les filles durant la première séance) et un post-test (à être rempli durant la séance 8).

De l'information plus récente, des activités et d'autre matériel seront disponibles sur le site Web de VALIDITY♀ à www.camh.net/validity. Veuillez le consulter régulièrement pour obtenir plus d'information et ainsi enrichir votre programme.

Fiche d'évaluation – Entre filles

Nom des animatrices : ______________________________

Date de la séance : ____________________ Séance no : ____________________

Réflexions sur ces questions

FILLES

- Assiduité
- Les filles s'entendent-elles bien ? Y a-t-il des conflits, des problèmes, des éléments préoccupants ?
- Réaction aux discussions et aux activités ?
- Avez-vous l'impression que les filles apprennent quelque chose ?
- Qu'aiment-elles ? Qu'aiment-elles moins ?
- Points positifs ? Points négatifs ?

Commentaires :

____

____

ANIMATRICES

- Disposiez-vous de tout le matériel nécessaire ?
- Vous sentiez-vous suffisamment préparée pour animer la séance ?
- Sentez-vous que la relation avec les filles se consolide ?
- Y a-t-il des points à discuter avec la coanimatrice ?
- Qu'apprenez-vous de nouveau ?

Commentaires :

____

____

SÉANCE

- Comment évaluez-vous le matériel ?
- Pas suffisamment ou trop d'information ?
- Le matériel était-il efficace et intéressant ?
- Y a-t-il un élément qui a suscité une réaction positive de la part des filles ?
- La nourriture était-elle bonne ?
- Horaire – tout s'est-il passé comme prévu ?

Commentaires :

____

____

Commentaires et préoccupations additionnelles :

____

____

RÈGLES DE BASE ET CONFIDENTIALITÉ

Il est important d'établir les règles de base et de confidentialité durant la première séance. Discutez avec le groupe des règles que les filles souhaitent mettre en place et des conséquences du non-respect de ces règles.

Il est important de préserver le caractère confidentiel des discussions qui ont lieu dans le cadre du groupe. Informez les participantes que tous les renseignements fournis durant les séances demeureront confidentiels dans les limites fixées par la loi. Prenons le cas d'une participante qui indique qu'elle a l'intention de se faire du mal ou faire du tort à d'autres personnes, ou qu'elle ou une connaissance âgée de moins de 16 ans (en Ontario) est victime de violence; les animatrices sont tenues de divulguer cette information aux autorités appropriées et de fournir à la participante l'accès à de l'aide.

CHOSES À FAIRE ET À NE PAS FAIRE LORSQUE VOUS TRAVAILLEZ AVEC LES JEUNES FEMMES

Cette liste – commentaires des jeunes femmes tiré du guide VALIDITY♀ *« Écoutez-moi, comprenez-moi, soutenez-moi : – Ce que veulent nous dire les jeunes femmes sur la dépression » (2006, p.77)* – aidera à guider votre travail.

Choses à faire

Établissez une relation avec nous avant d'aborder le sujet de la dépression.

Demandez-nous si nous sommes préoccupées par les facteurs suivants :

- inconfort à propos de notre corps
- relation problématique avec la nourriture
- pression parentale
- problèmes familiaux
- expériences par rapport à la race ou à la culture
- pression exercée par les pairs
- relations sexuelles
- problèmes d'ordre sexuel
- problèmes d'ordre financier
- expériences à l'école
- sédentarité
- stress

- handicap visible ou invisible
- rivalité fraternelle
- perte d'un être cher
- amitiés tendues
- consommation d'alcool ou d'autres drogues
- relations violentes
- la politique ou ce qu'on voit ou entend aux nouvelles
- tout autre problème particulier

Renseignez-nous sur la dépression. Demandez à la jeune femme si elle désire des renseignements sur la dépression. Si oui, vous pouvez lui remettre de l'information à lire, elle sera alors plus en mesure de répondre à vos questions et de vous parler plus facilement.

Renseignez-nous sur les différentes façons - autres que les médicaments – d'atténuer notre dépression.

Habilitez-nous.

Vérifiez toujours que vous avez bien compris ce que nous voulions dire !

Choses à ne pas faire

Ne nous dites pas que vous savez ce que nous vivons, car si vous ne l'avez pas vécu vous-même, vous ne pouvez pas vraiment savoir.

Ne faites pas les choses pour nous. Guidez-nous plutôt.

Lorsque vous nous posez des questions à partir de votre liste, regardez-nous de temps en temps. Vous devez apprendre à nous connaître, alors vous devez prendre le temps de parler avec nous des choses que vous avez sur votre liste.

Ne vous contentez pas de nous remettre un numéro de téléphone. Nous devons savoir à qui nous allons parler et à quoi nous attendre de cet appel.

Ne posez pas des questions fermées (à répondre par oui ou non). Vous devez vous intéresser à notre vécu.

Ne présumez pas que nous voulons que notre famille participe au processus.

Ne nous parlez pas comme si nous étions des enfants.

Ne nous jugez pas à notre habillement.

Ne nous rejetez pas parce que nous exprimons notre colère - elle a une origine et vous devez la comprendre.

Recrutement des participantes

Le programme Entre filles est conçu pour les filles âgées entre 13 et 16 ans (toutefois, le programme fût aussi un succès auprès des filles âgées jusqu'à 20 ans). C'est un programme de prévention. Bien que le risque de dépression soit plus grand chez ce groupe d'âge, le programme veut justement rejoindre les jeunes femmes qui n'ont pas encore reçu de diagnostic de dépression. Afin d'assurer un bon déroulement ainsi qu'un climat propice aux échanges, le groupe devrait se limiter à un maximum de 12 participantes.

Les 2 pages qui suivent vous fournissent deux documents qui peuvent être reproduits afin de faciliter le recrutement des participantes :

- feuillet d'information pour les parents/tuteurs
- modèle d'affiche de recrutement*

* Cette affiche est adaptée de celle créée par le For You Telecare Family Service de Toronto qui dispense le programme Entre filles.

Entre filles : Feuillet d'information pour les parents/tuteurs

Qu'est-ce que « Entre filles » ?

Il s'agit d'un programme parascolaire offert à ______________________ (nom de l'école/établissement) et qui commencera le ______________________ (date). Ce programme de huit semaines comprend des discussions de groupe et du matériel pédagogique sur l'estime de soi, l'image corporelle, les facteurs qui contribuent à la dépression, les relations interpersonnelles et le stress. Les jeunes filles qui participent au programme auront la chance de s'exprimer durant des discussions de groupe et grâce à diverses activités artistiques et à la tenue d'un journal personnel. L'objectif principal de ce programme est de permettre aux filles d'échanger entre elles dans un environnement libre.

Quel avantage ma fille tirera-t-elle de ce programme ?

Entre filles permettra à votre fille de rencontrer d'autres jeunes filles de son âge et de discuter de sujets qui lui tiennent à cœur. On la renseignera sur divers sujets, entre autres sur la santé physique, émotionnelle et mentale. Elle écoutera les exposés de divers conférenciers et sera initiée à diverses activités artistiques. Enfin, elle apprendra des stratégies saines pour composer avec le stress et des moyens de venir en aide à une amie qui se sent déprimée.

D'où vient le programme Entre filles ?

Entre filles est un programme issu de groupes de discussion tenus auprès de jeunes femmes et créé par le Centre de toxicomanie et de santé mentale (CAMH). Les jeunes femmes désiraient avoir un forum pour discuter de questions qui leur tenaient à cœur et aussi se renseigner davantage sur la dépression, sa prévention, ses causes et son traitement.

Des questions ?

Si vous avez des questions à propos du programme Entre filles, communiquez avec

animatrice : ______________________

téléphone : ______________________

courriel : ______________________

Échantillon d'une affiche du programme Entre filles

Références

Brumberg, J.J. *The Body Project.* New York, Random House, 1997.

Chaplin, T., J. Gillham, K. Reivich, A. Elkon, B. Samuels, D. Freres et coll. « Depression prevention for early adolescent girls: A pilot study of all–girls versus co–ed groups », *Journal of Early Adolescence*, vol. 26 (2006), p. 110–126.

Chubb, N., C. Fertman et J. Ross. « Adolescent self–esteem and locus of control: A longitudinal study of gender and age differences », *Adolescence*, vol. 32, n° 125 (1997), p. 113–129.

Colton, M. et S. Gore. *Risk, Resiliency, and Resistance: Current Research on Adolescent Girls*, New York, Ms. Foundation, 1991.

Croll, J., D. Neumark-Stzainer, M. Story et M. Ireland. « Prevalence and risk and protective factors related to disordered eating behaviors among adolescents: Relationship to gender and ethnicity », *Journal of Adolescent Health*, vol. 31, n° 2 (2002), p. 166–175.

Gilligan, C. *In a Different Voice*, Cambridge, MA, Harvard University Press, 1992.

Gilligan, C., N. Lyons et T. Hanmer (éd.). *Making connections.* Cambridge, MA, Harvard University Press, 1990.

Harter, S. « Is self-esteem only skin-deep? The inextricable link between physical appearance and self-esteem », *Reclaiming Children and Youth*, vol. 9, n° 3 (2000), p. 133–138.

Manion, I.G., S. Davidson, S. Clark, C. Norris et S. Brandon. « Working with youth in the 1990s: Attitudes, behaviours, impressions and opportunities », *Canadian Psychiatric Association Bulletin*, vol. 29 (1997), p. 111–114.

Marcotte, D., L. Fortin, P. Potvin et M. Papillon. « Gender differences in depressive symptoms during adolescence: Role of gender–typed characteristics, self–esteem, body image, stressful life events, and pubertal status », *Journal of Emotional and Behavioral Disorders*, vol. 10, n° 1 (2002), p. 29–42.

Nolen–Hoeksema, S. et J. Girgus. « The emergence of gender differences in depression during adolescence », *Psychological Bulletin*, vol. 115 (1994), p. 424–443.

Shisslak, C. et M. Crago. » Risk and protective factors in the development of eating disorders, dans *Body Image, Eating Disorders and Obesity in Youth: Assessment, Prevention, and Treatment*, sous la direction de J. Thompson et L. Smolak, Washington, DC, American Psychological Association, 2001, p. 103–125.

Statistique Canada. (2003). « L'image de soi à l'adolescence et la santé à l'âge adulte », *Le Quotidien*, mercredi 19 novembre 2003. Disponible à : http://www.statcan.gc.ca/daily-quotidien/031119/dq031119b-fra.htm. Consulté le 30 juillet 2009.

Striegel–Moore, R.H. et F.M. Cachelin. « Body image concerns and disordered eating in adolescent girls: Risk and protective factors », dans *Beyond Appearance: A New Look at Adolescent Girls*, sous la direction de N.G. Johnson, M.C. Roberts et J. Worell, Washington, DC, American Psychological Association, 1999, p. 85–108.

Turner, S., E. Norman et S. Zunz. « Enhancing resiliency in girls and boys: A case for gender specific adolescent prevention programming », *Journal of Primary Prevention*, vol. 16, n° 1 (1995), p. 25–38.

PARTIE 2
Plan de chaque séance

Survol des séances

SÉANCES

Séance 1 : Introduction au programme Entre filles

OBJECTIFS

- Présenter le programme Entre filles, les buts visés et un aperçu des huit séances.
- Apprendre à connaître les autres membres du groupe.
- Remplir les formulaires requis.
- Présenter le sujet de la santé mentale et de la dépression.

ACTIVITÉS

1. Introduction au programme et aux huit séances
2. Activité brise-glace : Un petit côté caché
3. Administration : Formulaire d'engagement et prétest
4. Activité : « Skittles »
5. Les règles de base
6. Discussion : Les jeunes femmes et leur santé mentale
7. Introduction au journal de bord

MATÉRIEL ET DOCUMENTS À DISTRIBUER

- Tableau de papier et marqueurs
- Collations
- Lecteur de CD ou mp3 et musique
- Bol de bonbons Skittles
- Journaux de bord
- Autocollants et autres accessoires pour décorer les journaux de bord
- Stylos
- Fiche 1A : Horaire du programme
- Fiche 1B : Formulaire d'engagement
- Fiche 1C : Prétest
- « La dépression – fiche d'information » (Disponible sur le site de CAMH http://www.camh.net)

SÉANCES SUITE

Séance 2 : Stress

OBJECTIFS

- Discuter des différentes causes de stress.
- Apprendre et partager des stratégies saines pour composer avec le stress.
- Comprendre les répercussions physiques du stress.
- Comprendre comment la dépression peut découler d'une situation stressante ou d'une période de transition.

ACTIVITÉS

1. Activité brise-glace : Allez, debout !
2. Discussion : Stress
3. Activité : Stress et diagramme du corps
4. Activité : Démonstration de yoga
5. Écrire dans le journal de bord

MATÉRIEL ET DOCUMENTS À DISTRIBUER

- Tableau de papier et marqueurs
- Collation
- Lecteur de CD ou mp3 et musique
- Stylos
- Diagramme du corps humain dessiné sur papier (avoir suffisamment de feuilles pour permettre le travail en paire)
- Matelas de yoga ou de gymnase, ou serviettes
- Lecteur DVD et DVD d'instruction de yoga (ou présence d'une instructrice de yoga)

Séance 3 : Relations d'amitié

OBJECTIFS

- Discuter des caractéristiques des relations saines et malsaines.
- Rappeler aux participantes que nous avons toutes les habiletés pour être « une bonne amie ».
- Comprendre comment les relations peuvent influencer la santé mentale.
- Discuter du sentiment de colère qui peut être présent dans les relations.

ACTIVITÉS

1. Discussion : Relations d'amitié
2. Activité : Jeu des caractéristiques
3. Activité : Faire un compliment et bracelets de guérison
4. Activité : Cercle de témoignages
5. Écrire dans le journal de bord

MATÉRIEL ET DOCUMENTS À DISTRIBUER

- Tableau de papier et marqueurs
- Collation
- Lecteur CD ou mp3 et musique
- Ciseaux
- Sac en papier ou autre contenant
- Petits cartons et une enveloppe par participante
- Matériaux pour bracelets de guérisons (perles, cordons, etc.)
- Stylos
- Document 3A : Liste des caractéristiques
- Fiche 3A : Le spectre et la signification des couleurs

SÉANCES SUITE

Séance 4 : Relations avec les parents/tuteurs

OBJECTIFS

- Passer en revue les qualités d'une relation saine.
- Discuter de l'influence des relations avec les parents/tuteurs et la dépression.
- Apprendre des façons de communiquer efficacement avec les parents afin de maintenir des relations positives.

ACTIVITÉS

1. Discussion : Relations saines
2. Discussion : Relations avec les parents
3. Activité : Utiliser des phrases au « je »
4. Activité : Boîte à souvenirs
5. Écrire dans le journal

MATÉRIEL ET DOCUMENTS À DISTRIBUER

- Collation
- Lecteur CD ou mp3 et musique
- Boîtes (une par participante), matériaux de décoration, ciseaux, brillants, collants, colle
- Stylos
- Fiche 4A : Communiquer avec les parents ou les tuteurs
- Fiche 4B : Phrases au « je »
- Fiche 4C : Liste des sentiments

Séance 5 : Relations amoureuses

OBJECTIFS

- Discuter de l'influence des relations amoureuses sur l'estime de soi et la dépression.
- Discuter de la façon d'identifier les relations malsaines et obtenir de l'aide.
- Discuter de la prise de décision dans les relations amoureuses.

ACTIVITÉS

1. Discussion : Relations amoureuses
2. Activité : Faits sur la violence dans les fréquentations
3. Discussion : Relations malsaines et violentes
4. Activité : « Mes droits de sortie amoureuse »
5. Écrire dans le journal de bord

MATÉRIEL ET DOCUMENTS À DISTRIBUER

- Collation
- CD ou mp3, et musique
- Autocollants et marqueurs
- Ruban adhésif et ciseaux
- Stylos
- Fiche 5A : La roue du pouvoir et du contrôle
- Fiche 5B : La roue de l'égalité
- Fiche 5C : Mes droits de sortie amoureuse
- Feuillets 5A-5F : Faits sur la violence dans les fréquentations

SÉANCES SUITE

Séance 6 : Estime de soi

OBJECTIFS

- Encourager les filles à avoir une bonne estime de soi à long terme grâce à des discussions et à la création.
- Discuter du pouvoir des mots.
- Discuter des facteurs qui peuvent influencer l'estime de soi.
- Discuter de l'interrelation entre l'estime de soi et la dépression.

ACTIVITÉS

1. Activité brise-glace : Ce que j'aime de moi
2. Discussion : Estime de soi
3. Activité : « Affirmation critique ou affirmation championne »
4. Activité de danse
5. Activité : Carte de remerciement (optionnel)
6. Écrire dans le journal

MATÉRIEL ET DOCUMENTS À DISTRIBUER

- Tableau de papier et marqueurs
- Collation
- Lecteur CD ou mp3 et musique
- Lecteur DVD et DVD de danse(ou présence d'une instructrice de danse)
- Stylos
- Cartes, crayons feutre, matériel nécessaire pour faire des cartes de remerciement (optionnel)

Séance 7 : Image corporelle et média

OBJECTIFS

- Encourager les filles à faire un examen critique de l'idéal féminin présenté dans les médias, et comment celui-ci déforme l'image corporelle.
- Examiner le lien entre les images dans les médias et l'estime de soi.
- Faire un remue-méninge sur les façons de promouvoir une image corporelle saine.
- Discuter des liens entre l'image corporelle et la dépression.

ACTIVITÉS

1. Discussion : Image corporelle et médias
2. Activité : Collage de photos de magazines
3. Activité : Contester les messages négatifs dans les médias
4. Écrire dans le journal

MATÉRIEL ET DOCUMENTS À DISTRIBUER

- Tableau de papier et marqueurs
- Collation
- Lecteur CD ou mp3 et musique
- Divers magazines pour femmes
- Carton (un par groupe de deux ou trois filles)
- Ciseaux, colle, ruban gommé, marqueurs
- Ordinateur avec accès à Internet (optionnel)
- Stylos

SÉANCES SUITE

Séance 8 : Préjugés, dépression et récapitulation

OBJECTIFS

- Passer en revue les causes, les symptômes et les traitements de la dépression.
- Discuter des préjugés entourant la maladie mentale.
- Discuter ensemble de ce que chaque participante a appris sur elle-même et les autres durant le programme.
- Remplir le formulaire d'évaluation du programme.

ACTIVITÉS

1. Discussion : Préjugés et dépression
2. Activité : Au-delà du programme Entre filles
3. Administration : Post-test/commentaires et certificats de participation

MATÉRIEL ET DOCUMENTS À DISTRIBUER

- Tableau papier et marqueurs
- Collation
- Lecteur CD ou mp3 et musique
- Stylos
- Fiche 8A : Post-test/commentaires
- Fiche 8B : Certificat de participation

Séance 1 : Introduction au programme Entre filles

OBJECTIFS

- Présenter le programme Entre filles, les buts visés et un aperçu des 8 séances.
- Apprendre à connaître les autres membres du groupe.
- Remplir les formulaires requis.
- Présenter le sujet de la santé mentale et de la dépression.

MATÉRIEL ET DOCUMENTS À DISTRIBUER

- ☐ Tableau de papier et marqueurs
- ☐ Collations
- ☐ CD ou mp3, et musique
- ☐ Bol de bonbons Skittles
- ☐ Journaux de bord
- ☐ Autocollants et autres accessoires pour décorer les journaux personnels
- ☐ Stylos
- ☐ Fiche 1A : Horaire du programme
- ☐ Fiche 1B : Formulaire d'engagement
- ☐ Fiche 1C : Prétest
- ☐ « La dépression – fiche d'information » (Disponible sur le site de CAMH http://www.camh.net)

RESSOURCES RECOMMANDÉES

Ressources documentaires

Scowen, K. *My Kind of Sad: What It's Like to be Young and Depressed*. Buffalo, New York, Annick Press, 2006.

Guide sur la dépression et son traitement chez les jeunes âgés de 13 ans et plus. Comprend des citations d'adolescents et une postface rédigée par un jeune psychiatre.

Irwin, C. *Conquering the Beast: How I Fought Depression and Won—And How You Can Too*. New York: Three Rivers, 1998.

L'auteure s'ouvre sur sa lutte contre la dépression alors qu'elle n'avait que 14 ans et son parcours pour recouvrer la santé.

Manuel

Équipe VALIDITY♀, CAMH. *Écoutez-moi, comprenez-moi, soutenez-moi: Ce que veulent vous dire les jeunes femmes sur la dépression,* Toronto, Centre de toxicomanie et de santé mentale. Disponible en ligne à www.camh.net/fr/Publications/Resources_for_Professionals/Validity/index.html

Ce guide, issu d'un projet de recherche participative, se veut la voix de jeunes femmes qui désirent donner aux fournisseurs de services leur version de la dépression. On y trouve des récits de jeunes femmes.

Sites Web

L'Association canadienne sur la santé mentale (ACSM)
http://www.acsm.ca
Fournit une variété de ressources sur la dépression et d'autres problèmes de santé mentale. Comprend des liens vers les bureaux locaux de l'ACSM.

Centre de toxicomanie et de santé mentale (CAMH)
http://www.camh.net
Procure de l'information sur la santé mentale et la toxicomanie et sur les services que dispense CAMH.

Jeunesse, J'écoute
http://www.jeunessejecoute.ca/fr/home.asp
Jeunesse, J'écoute est le seul service de consultation offert aux enfants et aux adolescents. Le site Web contient une variété de ressources traitant de sujets tels la santé, les relations, l'intimidation et devenir un adulte.

Hearing Every Youth through Youth
www.heyy.net
Organisme torontois sans but lucratif dirigé par des bénévoles et qui fournit une ligne téléphonique pour les jeunes ainsi que des liens vers des sites Web et ressources pour les jeunes.

Mood Disorders Association of Ontario
www.mooddisorders.on.ca
Fournit une foule de ressources, dont des feuillets d'information sur les problèmes de santé mentale.

Teen Mental Health
www.teenmentalhealth.org
Site axé sur la santé mentale des jeunes et offre des renseignements pour les jeunes, les parents et les organismes communautaires. Il offre un blogue, des présentations et une liste de livres portant sur les jeunes et la santé mentale.

5 minutes

1. INTRODUCTION AU PROGRAMME ET AUX HUIT SEANCES

Information pour les animatrices

Malgré le fait que l'information ci-après s'adresse aux animatrices, veuillez faire part des renseignements qui vous semblent pertinents avec votre groupe.

Entre filles est un programme composé de huit séances qui s'adresse aux adolescentes entre 13 et 16 ans et qui vise à prévenir la dépression et à réduire les méfaits qui y sont associés.

Le programme Entre filles est issu d'un projet de recherche participatif plus vaste intitulé VALIDITY♀ (abréviation anglaise d'Étude dynamique de la dépression chez les jeunes femmes d'aujourd'hui) dont le but est de mieux comprendre les facteurs qui contribuent à la dépression chez les jeunes femmes et, éventuellement, de concevoir des stratégies, des ressources et des interventions pour aborder ces facteurs.

Le besoin d'un lieu sécuritaire où les jeunes filles pourraient se retrouver et être elles-mêmes, en oubliant les pressions constantes de l'adolescence et de la vie quotidienne, est ressorti comme thème principal de tout ce processus. Les jeunes femmes avaient particulièrement besoin d'un environnement positif pour parler de leurs sentiments à d'autres jeunes filles, sans craindre les commentaires négatifs ou le ridicule. D'après elles, les préjugés entourant la maladie mentale sont un important obstacle pour obtenir de l'aide. Elles ont aussi souligné la nécessité de renforcer l'estime de soi, de développer de bonnes relations interpersonnelles, de comprendre l'influence des médias sur les jeunes femmes et de renseigner les parents, enseignants et fournisseurs de services sur la dépression et l'aide qu'ils peuvent apporter aux jeunes femmes.

Information pour les participantes

fiche 1A

Distribuez **la fiche 1A : Horaire du programme**, indiquant les dates et les thèmes abordés au cours des 8 séances. Dites aux participantes :

Le programme Entre filles comporte huit séances. Au cours de ces séances, on parlera entre autres de stress, des relations (avec un ou une partenaire intime, les amis et la famille), de l'estime de soi, des médias, de l'image corporelle et des préjugés. Le thème de la dépression sera discuté au cours de toutes les séances et, de façon plus particulière, durant la dernière séance. Lors de chaque séance, il y aura une discussion de groupe et une activité (artistique ou physique) et, si le temps le permet, vous aurez l'occasion d'écrire dans votre journal de bord ou sinon, vous pourrez prendre du temps ailleurs pour réfléchir au sujet discuté.

Le journal personnel (ou journal de bord) vous permettra de réfléchir sur la séance qui vient de se terminer et sur un sujet particulier proposé par l'animatrice chaque semaine. Le journal vous appartient et vous devrez l'apporter avec vous à chaque séance. L'information qu'il contient est confidentielle ; on ne vous demandera pas de le divulguer aux autres participantes.

Expliquer les limites de la confidentialité :

Informez les participantes que tous les renseignements fournis durant les séances demeureront confidentiels sauf dans les limites fixées par la loi (par exemple, une participante indique qu'elle a l'intention de se faire du mal ou faire du tort à d'autres personnes, ou qu'elle ou quelqu'un qu'elle connaît de moins de 16 ans (en Ontario) est victime de violence, vous êtes tenue de divulguer cette information aux autorités appropriées et de fournir à la participante l'accès à de l'aide.

Laissez savoir aux participantes que de l'aide est disponible en cas de besoin pour elles ou un(e) ami(e). Ayez à votre disposition le numéro d'une ligne d'écoute téléphonique – vous pouvez l'écrire sur un tableau de papier.

de 15 à 20 min.

2. ACTIVITÉ BRISE-GLACE : UN PETIT CÔTÉ CACHÉ

Si possible, s'assoir en cercle. Demandez aux jeunes filles de se présenter à tour de rôle et de divulguer un « petit côté caché» d'elles-mêmes au groupe.

Selon la façon dont elles ont entendu parler du groupe, elles peuvent se demander pourquoi elles y participent. Il serait utile d'avoir une discussion sur les raisons pour lesquelles elles participent à ce groupe ou encore, ce qu'elles veulent en retirer.

Rassurez-les sur le fait que ce groupe se veut une expérience d'apprentissage plaisante et de partage.

5 min.

3. ADMINISTRATION : FORMULAIRE D'ENGAGEMENT ET PRÉTEST

fiche 1B
fiche 1C

Distribuez **la fiche 1b : Formulaire d'engagement**, et demandez-leur de remplir la **fiche 1c : Prétest.** Expliquez le but de ces formulaires aux participantes. Le formulaire d'engagement est une façon de formaliser leur engagement au groupe et le prétest fait partie de l'évaluation du programme Entre filles. Demandez aux filles de remplir le formulaire d'engagement à la fin de la première séance, dès qu'elles seront à l'aise dans le groupe.

Vous voudrez peut-être faire jouer de la musique pendant que les filles remplissent les formulaires. Dites que vous ferez jouer de la musique et demandez-leur d'apporter la musique d'ambiance de leur choix que vous ferez jouer durant les activités au cours des prochaines semaines.

de 15 à 20 min.

4. ACTIVITÉ : « SKITTLES »

L'objectif du jeu Skittles* est de permettre aux filles de faire connaissance en parlant un peu d'elles-mêmes. À la fin de l'activité, les filles auront l'impression d'avoir un peu plus de choses en commun. Les questions auxquelles elles doivent répondre sont toutes positives, afin qu'elles puissent se concentrer sur les aspects positifs de leur vie plutôt que sur les négatifs.

- Expliquez que c'est une activité agréable qui leur permet de mieux se connaître.
- Demandez aux participantes de s'asseoir en cercle et de passer le bol rempli de Skittles.
- Demandez à chaque adolescente de prendre quelques Skittles et de passer le bol à la personne à côté d'elle (demandez-leur de ne pas les manger tout de suite).
- Lorsque toutes les participantes ont pris des friandises, demandez aux participantes de répondre aux questions ci-dessous qui correspondent à la couleur de leurs Skittles. Il peut être utile d'écrire les questions sur un tableau de papier.

Questions associées aux couleurs des Skittles

Rouge : Qu'est-ce qui te met en colère et que fais-tu pour le résoudre ?
Orange : Quelle est la chose dont tu es le plus fière d'avoir accomplie ?
Jaune : Qu'est-ce que tu aimes le plus de toi-même ?
Vert : Quel est le plus beau compliment que tu aies jamais reçu ?
Mauve : Quelle est ta meilleure façon de gérer le stress ?

* Source : Youth Net Halton. Pens & Paints Program Manual, Halton, Ontario, Youth Net Halton, 2005.

10 min.

5. RÈGLES DE BASE

Demandez aux participantes les règles de base qu'elles souhaitent voir respecter durant toute la durée du programme Entre filles. Inscrivez ces règles sur un tableau de papier et discutez avec les participantes des conséquences en cas de non-respect.

Affichez ces règles au mur comme rappel durant les séances à venir.

Il est important que les filles déterminent leurs propres règles de conduite. Toutefois, assurez-vous que les règles suivantes en fassent partie :

- Confidentialité – une promesse de garder confidentielle l'information confiée par les autres
- Respecter les idées et les opinions de chacune
- Avoir seulement une personne qui parle à la fois
- Avoir du plaisir !

de 20 à 30 min.

6. DISCUSSION : LES JEUNES FEMMES ET LEUR SANTÉ MENTALE

Quels sont les sujets qui affectent les jeunes femmes de nos jours ?

- Permettez aux participantes d'entamer une discussion ouverte sur les sujets qui les affectent dans leur vie.
- Des exemples de ces sujets peuvent être : Le stress causé par leurs parents, l'école, les amis(es), les relations, etc.
- L'objectif de cette discussion est de permettre aux participantes d'échanger leurs idées sur des sujets qui les affectent toutes.

Qu'est-ce que la santé mentale ?

- Nous avons toute une santé mentale comme nous avons toute une santé physique.
- La santé mentale est la capacité de ressentir, penser et vivre mais également de profiter de la vie et de transiger avec les défis que nous pouvons rencontrer.
- Les gens peuvent réduire les risques de problèmes de santé physique et mentale en apprenant à composer avec les situations quotidiennes et en faisant des choix positifs et sains.
- Lorsque tu as une bonne santé mentale, tu es en mesure d'avoir des relations valorisantes avec d'autres personnes, de t'adapter aux changements et prendre de bonnes décisions.

- Les facteurs qui influencent négativement la santé mentale peuvent être d'ordre social (manque d'amis), physique (maladie chronique comme le diabète) et biologique (gènes, hormones).
- Une bonne santé mentale se caractérise par un équilibre entre les diverses dimensions de sa vie.
- L'objectif de la discussion est de permettre aux participantes d'acquérir une meilleure compréhension de la santé mentale.
- Une définition de la maladie mentale est : « Une perturbation dans la manière de penser, d'agir et de ressentir d'une personne et qui nuit à l'accomplissement des tâches quotidiennes. » (CAMH, 2001)
- La dépression, la schizophrénie, les troubles de l'alimentation, le trouble d'anxiété sont tous des exemples de maladies mentales.

Qu'est-ce que la dépression ?

- C'est normal dans la vie d'avoir des hauts et des bas. Tout le monde peut se sentir déprimé à un moment donné. Dans le cas de la dépression toutefois, ces sentiments et ces symptômes durent plus longtemps et nuisent au fonctionnement quotidien.
- Malgré le fait qu'il n'y a pas une cause unique à la dépression, certains facteurs peuvent y contribuer, tels que la génétique, l'environnement, des événements bouleversants, le débalancement chimique dans le cerveau et les facteurs psychosociaux (vision négative et pessimiste de la vie).
- Les symptômes principaux de la dépression sont la tristesse et un sentiment d'abattement la majorité des jours, qui durent pendant plus de deux semaines et qui nuisent au travail, à l'école ou aux relations d'une personne.
- Les personnes vivent la dépression de différentes manières. Par exemple, en plus de la tristesse qui les habite, elles peuvent souffrir de symptômes physiques tels que des maux de ventre, des maux de tête ou des courbatures.
- La dépression peut avoir des répercussions sur la façon de penser et d'agir d'une personne.
- Parlez avec les filles d'une ou deux citations des participantes au projet VALIDITY♀ *Écoutez-moi, comprenez-moi, soutenez-moi* (2006, p.7) exprimant les difficultés quelles ont eu à cerner les signes de dépression chez elles :

  « Je crois que beaucoup de femmes ne connaissent pas... les signes de la dépression. C'est seulement bien des années plus tard que j'ai su que j'étais dépressive... Il s'agissait d'une dépression clinique... Je me disais : « Non ! Peut-être que ma tristesse n'est que passagère. »

« J'aurais probablement pu recevoir un diagnostic de dépression vers l'âge de 14 ans, mais je ne comprenais pas ce qui m'arrivait. Je me croyais seulement triste face à ma situation. Ce n'est que lorsque j'ai quitté la maison que j'ai vraiment eu le temps de songer à ma vie, à ce que j'avais vécu et à ce que j'avais subi. »

- demandez aux filles de nommer certains sentiments et comportements qui, selon elles, sont des signes de dépression :
  - chute des notes scolaires
  - pensées et sentiments négatifs face à soi-même
  - prendre plus de risques que d'habitude
  - s'isoler de ses amis(es) et de la famille
  - se désintéresser d'activités autrefois plaisantes
  - avoir de la difficulté à prendre des décisions
  - avoir de la difficulté à se concentrer
  - se sentir irritable ou en colère
  - se sentir découragée
  - se sentir anxieuse, nerveuse ou troublée
  - se sentir triste
  - se sentir coupable
  - habitudes de sommeil perturbées
  - se sentir plus fatiguée
  - pensées face à la mort ou pensées suicidaires

- Si tu ressens certains de ces symptômes, il est important d'en parler à une personne en qui tu as confiance – la dépression ne peut être diagnostiquée que par un médecin ou un psychologue (en Ontario).
- Si tu as des pensées suicidaires ou de mort, il est important d'en parler immédiatement à quelqu'un de confiance.
- La dépression peut survenir suite à des changements importants dans ta vie tels que : un déménagement, le divorce de tes parents, les conflits à la maison ou avec tes amis(es).
- Beaucoup de personnes ne réalisent pas qu'elles sont déprimées.
- D'après le récent sondage de CAMH sur la santé mentale et le mieux-être des élèves en Ontario (Adlaf et coll., 2007), le risque de dépression est plus élevé chez les filles de la 7e à la 12e année que chez les garçons (8,3 % par rapport à 2,4 %).
- Distribuez le document « La dépression ». Demandez aux filles de lire le document et de dire ce qui les a surpris ou qu'elles ne savaient pas.

15 minutes

7. INTRODUCTION AU JOURNAL DE BORD

Distribuez à chacune des participantes un journal de bord et encouragez-les à le décorer en utilisant les matériaux offerts afin de le personnaliser. Rappelez-leur d'apporter leur journal à chaque séance.

Journal de bord

Donnez aux filles 10 minutes pour écrire sur le sujet « Mes impressions de la 1re séance :

- Comment je me sentais en arrivant au groupe aujourd'hui (excitée, nerveuse) ?
- Comment est-ce que je me sens maintenant à la fin de la 1re séance ?
- Qu'est-ce que j'ai le plus aimé aujourd'hui ?

Les participantes peuvent terminer cette activité pendant la séance ou à la maison, selon les contraintes de temps.

Horaire du programme

Les séances du programme Entre filles se dérouleront tous les ______________ pendant huit semaines

À partir du ____ .
jour mois année

Endroit : ____

____

____

Heure : De __________ à __________.

Thème de la séance hebdomadaire

Semaine 1 : Introduction au programme Entre filles

Semaine 2 : Le stress

Semaine 3 : Les relations d'amitié

Semaine 4 : Les relations avec les parents ou les tuteurs

Semaine 5 : Les relations amoureuses

Semaine 6 : L'estime de soi

Semaine 7 : L'image corporelle et les médias

Semaine 8 : Les préjugés, la dépression et la récapitulation

Engagement

Je, ______________________ , m'engage à participer à ce programme de huit (8) semaines intitulé Entre filles, en y donnant mon énergie et mon assiduité.

Je reconnais avoir le droit de refuser de participer aux discussions qui pourraient me mettre mal à l'aise, toutefois j'écouterai attentivement les filles du groupe et les soutiendrai.

La mission de Entre filles

Entre Filles procure un environnement sécuritaire permettant aux jeunes filles d'échanger entre elles tout en se familiarisant avec la dépression et ses causes possibles. Par des activités artistiques et récréatives, elles développeront leur conscience de soi, des stratégies d'adaptation et une pensée critique.

Prétest

Date : ____________ Âge : ________ Année scolaire : ____________

Indique dans quelle mesure tu es en accord ou en désaccord avec les énoncés suivants en ENCERCLANT un chiffre entre 1 et 5.

	En désaccord				En accord
1. J'ai des connaissances générales sur la santé mentale et la maladie mentale.	1	2	3	4	5
2. Je connais les causes possibles de la dépression.	1	2	3	4	5
3. Je connais des traitements et des activités qui peuvent aider les personnes ayant une dépression.	1	2	3	4	5
4. Je connais des manières d'améliorer mon estime de moi.	1	2	3	4	5
5. Je connais les effets que peut avoir le stress sur mon corps.	1	2	3	4	5
6. Je sais quoi faire pour mieux me sentir lorsque je me sens stressée.	1	2	3	4	5
7. Je sais faire la distinction entre une relation saine et une relation malsaine.	1	2	3	4	5
8. J'ai confiance de pouvoir reconnaître certains des symptômes lorsque je me sens déprimée.	1	2	3	4	5
9. Je sais où je peux obtenir de l'aide dans ma communauté si j'ai des problèmes.	1	2	3	4	5
10. Je connais des personnes à mon école ou dans ma communauté avec qui communiquer si j'ai des problèmes.	1	2	3	4	5
11. Les personnes ayant une maladie mentale sont beaucoup moins dangereuses que la population le croît.	1	2	3	4	5
12. La meilleure façon de traiter les gens atteints d'une maladie mentale est de les garder enfermés.	1	2	3	4	5

Séance 2 : Stress

OBJECTIFS

- Discuter des différentes causes de stress.
- Apprendre et partager des stratégies saines pour composer avec le stress.
- Comprendre les répercussions physiques du stress.
- Comprendre comment la dépression peut découler d'une situation stressante ou d'une période de transition.

MATÉRIEL

- ☐ Tableau de papier et marqueurs
- ☐ Collation
- ☐ Lecteur de CD ou mp3, et musique
- ☐ Stylos
- ☐ Diagramme du corps humain dessiné sur papier (avoir suffisamment de feuilles pour permettre le travail en équipe de deux)
- ☐ Matelas de yoga, matelas de gymnase ou serviette
- ☐ Lecteur DVD et DVD d'instruction de yoga (ou présence d'une instructrice de yoga)

RESSOURCES RECOMMANDÉES

Guide

Équipe VALIDITY♀ team, CAMH. *Écoutez-moi, comprenez-moi, soutenez-moi: Ce que veulent vous dire les jeunes femmes sur la dépression,* Toronto, Centre de toxicomanie et de santé mentale, 2006. Disponible en ligne à www.camh.net/fr/Publications/Resources_for_Professionals/Validity/index.html

Sites Web

Jeunesse, J'écoute
  http://www.jeunessejecoute.ca/fr
  Fournit au téléphone du counseling aux jeunes et des ressources d'information.

10 min.

1. ACTIVITÉ BRISE-GLACE : ALLEZ DEBOUT !

Les animatrices lisent des énoncés et les participantes à qui s'applique l'énoncé ou qui sont d'accord avec ce dernier se lèvent. Commencez par un énoncé simple, par exemple, « Je me suis brossée les dents ce matin ». Passez ensuite à des énoncés qui peuvent stimuler davantage la discussion chez les jeunes filles qui se sont levées. Voici des exemples :

- J'aime l'école.
- J'ai un frère ou une sœur.
- Je pense que le stress est sain pour nous.
- J'ai de la difficulté à parler à mes parents.
- Ma vie est parfois très stressante.
- Je connais une personne qui est déprimée.
- Je sens parfois que personne ne comprend ce que je vis.

Ajoutez ou retranchez des énoncés, selon le groupe.

Cette activité a pour but de faire comprendre aux jeunes filles qu'elles vivent des situations semblables. Cette activité aide également les filles et les animatrices à se connaître davantage.

de 15 à 20 min.

2. DISCUSSION : STRESS

Qu'est-ce que le stress ?

- Le stress est l'effet d'un événement sur ton corps et ton esprit ; cet effet peut être à la fois positif et négatif.
- Le stress est une réaction aux changements.
- Le stress englobe toutes les demandes (force, pression, contrainte) exercées sur une personne et la manière dont son corps y réagit.

Quelles sont les choses qui vous stressent ? Est-ce qu'il y a quelque chose qui s'est produit aujourd'hui ou récemment et qui vous a stressées?

- L'objectif de cette discussion est de favoriser l'interaction entre les participantes et de leur faire réaliser qu'elles partagent plusieurs des mêmes sources de stress.

Comment le stress peut-il être positif ?

- Le stress peut être une source de motivation qui nous permet d'accomplir certaines tâches.

Quelles sont les façons saines et malsaines de gérer le stress ?

- Demandez aux participantes de faire un remue-méninges sur les manières dont elles gèrent leur stress. Demandez-leur de déterminer si celles-ci sont des stratégies saines ou malsaines de gérer le stress.
- Les personnes gèrent le stress de différentes manières. Une façon de gérer le stress peut être positive pour une personne et négative pour une autre. Par exemple, l'exercice peut être une façon positive de gérer son stress, toutefois le surentraînement peut être négatif ou mauvais pour la santé.
- Bien que l'automutilation puisse être une façon pour certaines personnes de gérer leur stress, il est toutefois important de trouver d'autres façons ou stratégies possibles de le faire.

Comment pensez-vous que le stress est relié à la dépression ?

- Il existe une relation complexe entre le stress et la dépression.
- Les personnes peuvent développer une dépression suite à un événement stressant dans leur vie.
- Certaines deviennent déprimées parce qu'elles composent avec un stress chronique dans leur vie. Par exemple, vivre dans un foyer violent, se mettre trop de pression pour réussir, apporter de nombreux changements dans sa vie.
- La théorie de l'« impuissance intériorisée » stipule que lorsque les personnes vivent des situations stressantes chroniques dans leur vie, elles finissent par se sentir impuissantes. Le sentiment d'impuissance peut se renforcer lorsqu'une personne pense n'avoir aucun contrôle sur les événements qui se présentent dans sa vie.
- Par exemple, une étudiante qui a souvent des mauvaises notes scolaires peut finir par croire que peu importe l'effort consacré, elle n'arrivera jamais à avoir de bonnes notes. Elle finit par croire qu'elle n'a aucun contrôle sur ses notes scolaires.

de 15 à 20 min.

3. ACTIVITÉ : STRESS ET DIAGRAMME DU CORPS

Demandez aux participantes de travailler en équipe de deux. Distribuez la feuille illustrant le contour du corps. Invitez les participantes à indiquer, à l'aide d'une flèche, les endroits où elles ressentent le stress dans leur corps. Demandez-leur de discuter avec leur partenaire comment elles ressentent le stress dans leurs corps et quels sont certains indicateurs physiques signalant une période de stress.

Réunissez-vous toutes ensemble afin de discuter de vos diagrammes. Si personne n'a nommé la tête et le cerveau, faites-le afin de faire ressortir les liens entre le stress et la dépression.

Voici certaines des manifestations négatives du stress sur le corps :
- acné
- augmentation de la pression sanguine
- mâchoire plus serrée
- le dos, les épaules et le cou sont plus tendus qu'à la normale
- indigestion
- nausée
- mal de tête
- diarrhée

de 30 à 40 min.

4. ACTIVITÉ : DÉMONSTRATION DE YOGA

Demander à une instructrice de yoga d'enseigner aux participantes certaines techniques de yoga et de respiration qui peuvent servir de techniques de gestion du stress. Les animatrices peuvent également louer un DVD de yoga d'une bibliothèque et montrer certaines positions aux participantes.

Pour cette activité, vous devez fournir un matelas de yoga, une serviette ou encore un matelas de gymnase à chaque fille.

15 min.

5. JOURNAL DE BORD

Demandez aux participantes d'aborder les sujets suivants dans leur journal :
- Comment utiliseras-tu l'information présentée aujourd'hui dans ta vie quotidienne ?
- De quelle façon peux-tu t'aider à mieux te sentir lorsque tu es triste ?
- Quelle est ton impression de la 2e séance d'Entre filles ?

Séance 3 : Relations d'amitié

OBJECTIFS

- Discuter des caractéristiques des relations saines et malsaines.
- Rappeler aux participantes que nous avons toutes les habiletés pour être une bonne amie.
- Comprendre comment les relations peuvent influencer la santé mentale.
- Discuter du sentiment de colère qui peut être présent dans les relations.

MATÉRIEL ET DOCUMENTS

- ☐ Tableau de papier et marqueurs
- ☐ Collation
- ☐ Lecteur de CD ou mp3, et musique
- ☐ Ciseaux
- ☐ Sac en papier ou autre contenant
- ☐ Petits cartons, une enveloppe par participante
- ☐ Matériaux pour fabriquer des bracelets de guérison (perles, cordon, etc.)
- ☐ Stylos
- ☐ Document 3A : Liste des caractéristiques
- ☐ Fiche 3A : Le spectre et la signification des couleurs

RESSOURCES RECOMMANDÉES

Articles et rapports

Brown, L.M. *10 Ways to Move Beyond Bully-Prevention (And Why We Should)*, 5 mars 2008, disponible sur le site http://hghw.org/docs/10ways_ew.pdf. Consulté le 20 juillet 2009.

Article fournissant des conseils sur la prévention de l'intimidation.

Krashinsky, S. « What to do about cyber bullies? Get real, for a start » dans *The Globe and Mail, 30 mars 2009*. Disponible sur le site www.theglobeandmail.com/news/technology/article684977.ece. Consulté le 17 juillet 2009.

Article de journal fournissant des renseignements sur l'intimidation sur Internet et pourquoi ce type d'intimidation diffère des autres formes d'intimidation; comprend des récits personnels et des statistiques.

Mishna, F., J. Wiener et D. Pepler. « Some of my best friends – Experiences of bullying within friendships », *School Psychology International*, vol. 29, n° 5 (2008), p. 549-573.

Cette étude fournit une évaluation des cas d'intimidation entre amis du point de vue des victimes et de leurs parents et enseignants.

Van Daalen-Smith, C. *Living as a Chameleon: A Guide to Understanding Girls' Anger For Girl-Serving Professionals*. Toronto, Université York, 2006. www.camh.net/Publications/Resources_for_Professionals/Validity/Anger%20Research%20Monograph%20Final.pdf. Consulté le 20 juillet 2009.

Ce rapport, fondé sur une thèse de doctorat, s'appuie sur des entrevues menées auprès de 65 jeunes filles afin de mieux comprendre l'origine de la colère, la façon dont on permet aux jeunes filles de l'exprimer et son lien avec la dépression.

Dépliant

Girl Guides of Canada. (no date). *I Believe in We! Girls United: Challenges to Connect*. Available: www.midislandgg.com/documents/I-Believe-in-We.pdf. Consulté le 5 août 2009.

Fournit des activités associées à l'intimidation à organiser avec les filles.

Sites Web

Jeunesse, J'écoute

http://www.jeunessejecoute.ca/fr

Fournit au téléphone du counseling aux jeunes et des ressources d'information.

Croix-rouge canadienne

http://www.croixrouge.ca/article.asp?id=14018&tid=030

Offre de l'information sur l'intimidation et le harcèlement

Sécurité Canada

http://www.securitecanada.ca/topic_f.asp?category=28

http://www.securitecanada.ca/youth_f.asp

Offre de l'information sur l'intimidation

de 20 à 40 min.

1. DISCUSSION : RELATIONS D'AMITIÉ

Afin de s'assurer d'avoir assez de temps pour couvrir tout le sujet, nous vous suggérons de faire l'activité 3 tout en animant la discussion. En combinant l'activité et la discussion, les filles se sentiront plus à l'aise d'aborder ces sujets.

Qu'est-ce qu'une relation saine ? Qu'est-ce qu'une relation malsaine ?

Écrivez les réponses des participantes sur un tableau de papier. Assurez-vous d'inclure certaines des qualités d'une relation saine ci-dessous : *

- *Communication* : Chaque personne dans une relation doit se sentir libre d'exprimer ses sentiments positifs et négatifs, ses plaintes et son affection à l'égard de l'autre.
- *Approche positive face au conflit :* Dans toutes les relations il y a des moments où la communication entre les personnes est rompue ; dans les relations saines, les personnes sont en mesure de résoudre le conflit, ce qui, par le fait même, solidifie la relation.
- *Attentes partagées :* Il est important que les deux partenaires soient sur la même longueur d'onde à l'égard de leurs attentes de la relation.
- *Limites :* Chaque personne doit clarifier avec l'autre ce qui est permis et non permis dans la relation.

Quelles sont les qualités d'un bon ami ou d'une bonne amie ?

- Les qualités d'une bonne amie incluent le respect, le fait d'être attentif à l'autre, la loyauté, la tolérance, l'acceptation de l'autre, le soutien, la sincérité, l'écoute et la compréhension, l'honnêteté, le partage et la générosité.
- Il est important dans une relation de parler et d'écouter l'autre (écoute active).
- L'écoute active signifie que lorsqu'une personne parle, l'autre écoute attentivement ce qu'elle dit. La personne qui écoute enregistre l'information (sans penser à ce qu'elle répondra) pour ensuite répéter les éléments clés de la conversation afin de s'assurer d'avoir bien compris.

Comment pensez-vous qu'une relation saine ou malsaine peut avoir des répercussions sur la santé mentale ?

- Une relation saine peut avoir des effets positifs sur la santé mentale d'une personne simplement par le fait de savoir qu'elle a une personne à qui elle peut se confier et qui la comprend.

*Adapté avec la permission de l'Université d'État de New York. *Maintaining Healthy Relationships*, Geneseo, New York, Université d'État de New York, (s.d.) [site Web]

- Une participante au Projet VALIDITY♀ *Écoutez-moi, comprenez-moi,* soutenez-moi (2006, p. 4) a parlé des raisons pour lesquelles il peut s'avérer difficile de se confier à ses amies les plus proches. *« J'ai déjà raconté ma vie à de purs étrangers dans la rue… Mais je suis toujours incapable de m'ouvrir à mes meilleurs amis. Je pense que c'est parce que nous avons peur d'être jugées et critiquées par eux. »*
- Selon le sondage SCDEO (sondage sur la consommation de drogues chez les élèves de l'Ontario) de 2006 (Adlaf et coll., 2006), 4 % des filles de la 7e à la 12e année révèlent n'avoir personne à qui se confier.
- Une relation malsaine peut nuire à la santé mentale d'une personne.
- Il existe une corrélation entre la perception d'une personne face à son succès social et son estime de soi.
- La relation entre la dépression et l'estime de soi peut être perçue comme un cercle vicieux. La difficulté d'entrer en relation avec les autres dans un contexte social peut entraîner une perte d'estime de soi et mener à la dépression, ce qui rend le contact avec les autres encore plus difficile.

Que pensez-vous d'une fille qui exprime sa colère en public ou envers un(e) ami(e) ?

En abordant cette question avec les participantes, reportez-vous au livre *Living as a Chameleon* (voir dans la liste des ressources recommandées de cette séance, à la page 40.)

- Il y a une différence entre la colère et l'affirmation.
- Très souvent, les jeunes femmes refoulent leur colère, elles ne veulent pas faire de vagues afin de ne pas mettre en péril la relation avec un(e) ami(e) ou son/sa partenaire.
- Les jeunes femmes peuvent refouler leur colère de peur d'être blessées par leurs proches ou de les mettre en colère.
- Lorsqu'elles expriment leur opinion ou leur point de vue sur quelque chose et particulièrement lorsqu'elles sont à contre-courant, il arrive fréquemment que les jeunes femmes soient étiquetées par le terme « BITCH ».
- Ce n'est pas la colère vécue par les jeunes femmes qui entraîne la dépression, mais le rejet ou le désintérêt des êtres chers qui les poussent à se taire et à se replier sur elles-mêmes.
- Les femmes n'ont pas un langage commun pour la colère, ce qui explique leur difficulté à l'exprimer.

Qu'est-ce qui vous met en colère dans une relation ?

La colère est souvent le résultat d'injustice, de droits brimés, de violence, de harcèlement, de rejet, de dénigrement, de refus, qui nous amène à nous sentir moins importantes et moins appréciées. Voici quelques exemples :

- Ne pas être en mesure de faire quelque chose parce que la personne aimée vous l'empêche à la seule fin de vous contrôler.
- Ne pas se sentir écoutée par une personne chère.
- Se faire dire que notre opinion n'a pas d'importance.
- Exprimer ses préoccupations et se faire dire qu'il n'y a aucune raison de se sentir ainsi.
- Se sentir rejetée et isolée.
- Se faire traiter de noms ou être poussée à faire quelque chose contre son gré.
- Être l'objet de rumeurs. (Les rumeurs sont souvent une source de peine et de douleur pour les jeunes femmes. C'est une forme de communication que les jeunes femmes utilisent régulièrement pour canaliser leur colère et pour se venger).

Pourquoi pensez-vous que les filles ont tendance à être compétitives entre elles ?

- La manière dont les filles traitent les autres filles est le reflet de la manière dont la société les traite.
- Les filles jugent les autres filles parce qu'elles ont peur de se faire juger.
- La peur du rejet est un sentiment commun chez les jeunes femmes, alors elles rivalisent entre elles pour conserver leurs relations.

Qu'est-ce que l'intimidation ? Quels sont des exemples d'intimidation ?

- L'intimidation désigne souvent le fait de s'en prendre à une personne plus faible ou moins confiante en la harcelant ou en l'agressant de façon répétée et systématique de quelque façon que ce soit.
- L'intimidation peut être pratiquée par une personne ou un groupe.
- Elle peut prendre plusieurs formes :
  - Physique : coups, coups de pied, poussées, vol ou vandalisme
  - Verbale : injures, menaces, commentaires désobligeants
  - Sociale : exclusion d'un groupe, propagation de rumeurs ou de potins, mise en scène pour ridiculiser
  - Cyberintimidation : harcèlement ou menaces par courriel ou message texte ou encore sur des sites Web.

- Une participante au projet VALIDITY♀ Écoutez-moi, comprenez-moi, soutenez-moi, (2006, p. 38) parle de l'intimidation dont elle a été témoin : « Parfois, à l'école, dans les niveaux inférieurs, par exemple, on se moque de certains élèves parce qu'ils sont originaires d'autres pays, qu'ils parlent une autre langue, qu'ils ont de la difficulté à parler français, qu'ils pratiquent une autre religion, qu'ils s'habillent différemment. S'ils n'ont pas beaucoup d'argent, ils ne peuvent pas suivre les tendances de la mode... Déjà, les gens commencent à se moquer. »
- Selon le SCDEO de 2007 de CAMH, 32 % des filles ont affirmé avoir été victimes d'intimidation au cours de l'année précédente.
- La cyberintimidation (ou intimidation par Internet) touche un nombre croissant de jeunes.
- Un sondage de la ligne téléphonique Jeunesse, J'écoute a révélé que plus de 70 % des répondants ont fait l'objet de cyberintimidation. Sur Internet, les propos malveillants peuvent se propager plus rapidement et être lus par un plus grand nombre de personnes.
- Lorsqu'une personne fait l'objet de cyberintimidation, le harcèlement ne cesse pas quand elle rentre à la maison. Un message peut être envoyé en tout temps vers un téléphone cellulaire ou un ordinateur.

Que faire si tu es victime d'intimidation ?

- Chacune a le droit d'être traitée équitablement et avec respect et de se sentir en sécurité et acceptée.
- Tu peux dire non à tout comportement non désiré à ton égard et tu as le droit de demander de l'aide à un adulte de confiance. Demander de l'aide, c'est tenter de trouver une solution au problème.
- Réfléchis à la façon dont ton comportement peut aggraver ou atténuer le problème.
- Ignore les harceleurs et éloigne-toi, pour leur montrer que tu ne leur accordes pas d'importance.
- Ris – le recours à l'humour indique que ces agissements ne te touchent pas.
- Demeure à proximité d'élèves sur lesquels tu peux compter pour prendre ta défense.
- Évite les endroits où l'intimidation survient habituellement.
- Agis avec confiance, garde la tête haute, regarde les gens dans les yeux et marche avec confiance.
- Prends le temps de faire des choses qui t'aident à te sentir bien dans ta peau.
- Affirme-toi sans être agressive. Répliquer peut aggraver la situation.

10 min.

2. ACTIVITÉ : LISTE DES CARACTÉRISTIQUES

document 3A

Découpez le **document 3A : Liste des caractéristiques**, pliez les mots individuels et mettez-les dans un sac ou contenant. Le sac est ensuite passé aux participantes qui doivent prendre un morceau de papier. À tour de rôle, les participantes doivent lire l'adjectif inscrit sur le papier et expliquer au groupe le lien possible entre l'adjectif et les relations saines.

20 min.

3. ACTIVITÉ : FAIRE UN COMPLIMENT ET LES BRACELETS DE GUÉRISON

Dans cette activité, les jeunes filles auront l'occasion de faire un compliment et d'en recevoir. Dites-leur qu'en disant un compliment ou faisant quelque chose pour une autre personne, cela peut les aider à soulager leur stress. Un compliment est une expression d'encouragement ou d'admiration qui témoigne des qualités de la personne ou des choses qu'elle fait.

Un compliment peut être offert aux autres pour plusieurs raisons. Toutefois, les compliments reliés aux forces et aux qualités d'une personne auront beaucoup d'impact sur elles. Donnez quelques exemples de compliments.

Chaque carte doit contenir le nom d'une participante et être déposée dans un sac ou une boîte. Chaque participante en pige une. Assurez-vous qu'aucune n'a pigé le carton portant son nom. Puis, les participantes inscrivent un compliment s'adressant à la personne dont elles ont pigé la carte (par exemple, tu es drôle). Indiquez aux participantes que les commentaires qu'elles inscrivent ne doivent pas demeurer superficiels (par exemple, j'aime tes cheveux). Une fois que l'exercice est terminé, les cartes sont remises dans une enveloppe à la personne.

fiche 3A

Ensuite, en utilisant le matériel, les participantes vont créer un bracelet à l'intention de la même personne. Distribuez la **fiche 3A Le spectre et la signification des couleurs** afin de les aider à choisir leurs couleurs. (Les qualités représentées par une couleur donnée peuvent cependant varier selon les appartenances culturelles). Une fois terminés, la carte et le bracelet sont remis à la personne dans une enveloppe adressée à son nom.

Une fois l'activité terminée, entamez une discussion avec les participantes sur l'importance de recevoir un compliment d'une autre personne.

20 min.

4. ACTIVITÉ : CERCLE DE TÉMOIGNAGES*

Formez deux cercles avec des chaises, un à l'intérieur de l'autre, de façon à ce que les participantes soient assises une en face de l'autre. Dites-leur de s'asseoir sur une chaise. Pendant que l'on fait jouer de la musique, demandez-leur de raconter à la fille qui leur fait face, à tour de rôle, un épisode où elles ont été *exclues* d'un groupe. Quel était le motif de l'exclusion ? Qu'ont-elles ressenti ?

Donnez-leur quelques minutes pour poursuivre cette discussion, puis arrêtez la musique. Lorsque la musique cesse, interrompez les conversations et demandez aux filles du cercle intérieur de se déplacer d'une chaise vers la droite. Demandez aux nouvelles paires ainsi formées de raconter à tour de rôle une situation où elles se sont senties *acceptées*. Qu'ont-elles ressenti ? Sur quoi se fondait ce sentiment ?

À la conclusion de l'activité, demandez aux filles ce qu'elles ont compris et appris en écoutant le témoignage des autres et en racontant leur propre histoire. Qu'ont-elles ressenti en racontant leur histoire ? Leur a-t-il été plus facile de parler d'acceptation ou d'exclusion ?

15 min.

5. JOURNAL DE BORD

Demandez aux participantes d'écrire sur les sujets suivants dans leur journal :

- Comment puis-je composer avec ma colère de façon positive ? Comment puis-je canaliser mes émotions efficacement au lieu de me faire du mal ou d'aggraver la situation ?
- Est-ce qu'il y a des choses dans ma vie qui me mettent en colère ? Si oui, quelles sont-elles et comment est-ce que j'exprime ma colère ?
- Si je me sens déprimée, comment est-ce que mes amis(es) peuvent m'aider à mieux me sentir ?
- Si une de mes amies est déprimée, comment puis-je la supporter ?
- Si je vois quelqu'un être victime d'intimidation, que pourrais-je faire pour y mettre un terme ?

* Adapté avec la permission des auteurs Hossfeld, B. et G. Taormina Friendship : *8-Week Facilitator Activity Guide*, Cotati, Californie, Girls Guide Association, 2005.

Liste des caractéristiques

Confiante	Courageuse	Heureuse	Spontanée
Douce	Patiente	Unique	Généreuse
Compatissante	Tolérante	Raisonnable	Fiable
Empathique	Forte	Aidante	Attentionnée
Brave	Humaine	Objective	Calme
Consciente de soi	Affectueuse	Directe	Optimiste
Digne de confiance	Compréhensive	Sage	Bienveillante
Originale	Respectueuse	Positive	Créative
Sensible	Aimable	Sincère	Affirmée

*Source : Youth Net Halton. *Pens & Paints Program Manual*, Halton, Ontario, Youth Net Halton, 2005.

Le spectre et la signification des couleurs*

Les couleurs de base du spectre lumineux sont les plus fondamentales : rouge, orange, jaune, vert, bleu, indigo et violet. Ces couleurs se combinent ensemble ainsi qu'avec le blanc et le noir pour créer toutes les autres couleurs visibles. Voici la signification des couleurs de base du spectre (à moins d'avis contraire, les descriptions reflètent la vision occidentale de la signification des couleurs).

Rouge : Le rouge représente le plaisir, le désir, la vitalité, le désir de vaincre, l'amour du sport et l'instinct de survie. Les couleurs « chaudes » que sont le rouge, l'orange et le jaune sont considérées comme stimulantes.

Orange : L'orange est un symbole de créativité, de confiance en soi, d'intuition, de convivialité et d'esprit d'entrepreneuriat.

Jaune : Le jaune évoque l'enthousiasme, la gaieté, le sens de l'humour, le plaisir, l'optimisme et l'intellectualité.

Vert : Le vert symbolise la persévérance, la patience, la croissance et la guérison. Il est également associé au travail, à la richesse et à la carrière.

Bleu : Le bleu représente la liberté, la force et les nouveaux départs. Le ciel bleu est associé à l'optimisme et à l'amélioration de son sort. Le bleu est apaisant et relaxant. Il est le symbole de l'eau, source de vie. Traditionnellement, les agriculteurs ont voué un culte à l'eau présente dans les rivières, les nuages, la bruine et la pluie.

Indigo : L'indigo évoque la sagesse, la maîtrise de soi et la quête spirituelle. L'indigo a une dimension intérieure plutôt qu'extérieure. Il est lié à la conscience et à l'inconscient. Comme l'indigo peut accentuer un état d'esprit négatif, les personnes dépressives ne devraient pas être mises en sa présence.

Violet : Le violet représente les caractéristiques psychologiques de la transformation et de la transmutation, ainsi que l'équilibre entre le pouvoir et l'amour. Il évoque également le charisme, le charme, la magie et la tolérance.

* Adapté avec l'autorisation de Karlsen, K. *Colors Meanings And Specific Colors,* Bozeman, MT, auteur, 2009. [Site Web] Disponible à l'adresse : www.livingartsoriginals.com/ infocolors meanings. html#spectrum.

Séance 4 : Relations avec les parents/tuteurs

OBJECTIFS

- Passer en revue les qualités d'une relation saine.
- Discuter de l'influence des relations avec les parents/tuteurs sur la dépression.
- Apprendre des façons de communiquer efficacement afin de maintenir de bonnes relations avec les parents/tuteurs.

MATÉRIEL ET DOCUMENTS À DISTRIBUER

- ☐ Collation
- ☐ Lecteur de CD ou mp3, et musique
- ☐ Boîtes (une par participante), matériaux de décoration, ciseaux, brillants, collants, colle
- ☐ Stylos
- ☐ Fiche 4A : Communiquer avec les parents ou les tuteurs
- ☐ Fiche 4B : Phrases au « je »
- ☐ Fiche 4C : Liste des sentiments

RESSOURCES RECOMMANDÉES

Sites Web

Jeunesse, J'écoute
http://www.jeunessejecoute.ca/fr
Fournit au téléphone du counseling aux jeunes et des ressources d'information.

U.S. Department of Health and Human Services, site Web sur la santé des filles
www.girlshealth.gov/
Procure de l'information sur une foule de sujets pour les adolescentes, dont les relations avec la famille.

10 min.

1. RELATIONS SAINES

Vous rappelez-vous des qualités d'une relation saine ?
Quels avantages tireriez-vous d'une « relation saine » ?

- Passez en revue les qualités d'une relation saine abordées à la séance 3.

Comment pouvez-vous mieux communiquer avec les membres de votre famille et les autres personnes dans votre vie ?

- Nos relations avec nos parents ou tuteurs sont importantes et peuvent parfois comporter des défis, particulièrement lorsqu'on est adolescente. Une bonne communication est très importante dans nos relations avec nos parents et les autres personnes dans notre vie.

fiche 4A

Distribuez aux participantes la **fiche 4A : Communiquer avec les parents ou les tuteurs** et passez en revue les trucs en donnant des exemples au besoin. Encouragez les filles à garder cette fiche et à la consulter avant de parler à leurs parents de sujets qui leur tiennent à cœur.

de 30 à 45 min.

2. DISCUSSION : RELATIONS AVEC LES PARENTS

Commencez la discussion avec l'extrait suivant de « Katerine » tiré du guide de l'Équipe VALIDITY♀ *Écoutez-moi, comprenez-moi, supportez-moi : Qu'est-ce que les jeunes femmes veulent vous dire sur la dépression.* Ce guide est basé sur la recherche auprès des jeunes femmes et renseigne les fournisseurs de services sur la façon de mieux intervenir auprès des jeunes femmes. Expliquez que ce témoignage a été écrit par une jeune femme du nom de Katerine. Elles trouveront probablement que leur expérience avec leurs parents est semblable à celle de Katerine. Elles auront l'occasion de parler de leurs expériences durant la discussion qui suivra.

Écoutez-moi, comprenez-moi, supportez-moi : Qu'est-ce que les jeunes femmes veulent vous dire sur la dépression contient d'autres témoignages de jeunes femmes qui pourraient vous intéresser.

Témoignage de Katerine :

Mes parents ont bien influencé ma façon de voir le monde durant ma jeunesse. Ils ont vécu des expériences tout à fait différentes. Mon père a quitté le pays en joignant la marine à l'âge de 19 ans et ma mère, arrivée au Nouveau-Brunswick, a dû repartir à zéro étant donné que son diplôme en pédagogie n'était pas reconnu. Ils ont tous deux souffert beaucoup du racisme et des difficultés liées à l'établissement dans un nouveau pays. Et trente ans plus tard, il leur arrive encore de dire : « Nous sommes différents, nous ne sommes pas comme eux » ou encore, « Nous sommes Vietnamiens, pas Blancs ». Ils ne croyaient pas que le monde s'était ligué contre eux, mais que comme certaines personnes n'acceptaient pas notre façon d'être, nous devions travailler deux fois plus fort pour arriver au même résultat, c'est-à-dire réussir comme les Blancs.

Les parents ont une telle influence sur nos vies. Certains s'adaptent plus facilement à d'autres cultures et d'autres suivent à la lettre leur religion et leur culture. Comme le fait que les femmes musulmanes doivent porter le hidjab et que les hommes Sikhs doivent porter le turban. Ces religions strictes dictent les soins médicaux et les types de relations acceptables, même jusqu'à l'usage des tampons. Certaines valorisent encore les mariages arrangés. Nous sommes constamment tiraillés par les pressions culturelles exercées par nos amis, notre famille et surtout par nous-mêmes.

Comment décririez-vous votre relation avec vos parents ?

Selon le plus récent rapport de CAMH sur la santé mentale et le bien-être des élèves ontariens (Adlaf et coll., 2006), 5,4 % des filles déclarent ne pas s'entendre avec leurs parents, 27,5 % des filles signalent ne jamais ou rarement discuter de leurs problèmes avec leur mère et 57 % des filles déclarent ne jamais ou rarement discuter de leurs problèmes avec leur père.

Y a-t-il des moments où vous sentez que vos parents ont de la difficulté à comprendre ce que vous essayez de leur dire ?

Reportez-vous à la **fiche 4A**.

Quelles sont les sources de conflits entre vos parents et vous ? Des différences au plan culturel ou des valeurs sont-elles en cause ? Croyez-vous que les conflits dans votre relation avec vos parents peuvent être positifs ?

- Les sources de conflits peuvent comprendre : un couvre-feu, les amis(es), les relations sexuelles, la drogue, l'alcool, les valeurs, les croyances et le changement de ton rôle dans la famille comme jeune adulte.
- Les conflits font partie de toute relation : en grandissant, ta façon de pensée

change, ta façon de transiger avec tes parents et la façon dont tes parents transigent avec toi et les conflits qui surviennent changent également. On peut considérer les conflits comme un échange entre deux parties.

- Une communication ouverte avec tes parents peut t'aider à mieux gérer les conflits et aider tes parents à mieux te comprendre et à s'adapter au nouvel « adulte en devenir » qu'ils ont dans la maison.
- La colère et les engueulades font parfois partie des conflits et le désaccord de tes parents à l'égard de tes décisions ou de ton comportement se traduit parfois par des mesures disciplinaires. Si les disputes, engueulades et punitions vont trop loin, sont trop fréquentes ou durent trop longtemps, elles peuvent alors mener à du stress et à des situations malsaines. Les menaces et l'intimidation, les critiques constantes et les humiliations peuvent miner la confiance en soi d'une personne et devenir une forme de violence affective. Les adolescents qui subissent des mauvais traitements ont souvent des troubles de sommeil, de concentration et de l'alimentation. Les mauvais traitements sont souvent la cause de dépression chez les adolescents. Lorsque ces traitements durent depuis longtemps, les jeunes ne les considèrent pas comme de mauvais traitements et croient que leur situation est normale. Les mauvais traitements n'ont pas leur place dans une relation d'amour. Si vous soupçonnez qu'un(e) ami(e) est maltraité(e), encouragez-le(la) à se confier à un adulte en qui vous avez tous deux confiance.

Comment peux-tu établir une relation positive avec tes parents ? Qu'est-ce qui fonctionne pour toi ?

- Montre-leur que tu es digne de confiance et responsable, autant en parole qu'en action.
- Respecte les règles autant que possible et explique pourquoi tu y as dérogé à l'occasion.
- N'oublie pas que tes parents ont grandi à une autre époque ou dans un endroit différent ou encore dans une différente culture et tout cela peut influencer leur façon de voir les choses.
- Garde la communication ouverte avec tes parents. Raconte-leur tes journées et demande-leur comment la leur s'est déroulée. Ceci aide à bâtir la relation et la confiance.
- Tu peux exprimer ton désaccord tout en demeurant respectueuse. Utilise un langage et un comportement respectueux lorsque tu exprimes tes opinions. Rappelle-toi d'utiliser des phrases au « je » afin de partager tes sentiments. Écoute le point de vue de tes parents et évite de ridiculiser leurs idées et leurs croyances.

20 min.

3. ACTIVITÉ : UTILISER DES PHRASES AU « JE »

fiche 4B
fiche 4C

Distribuez et lisez la **fiche 4B – Phrases au « je »** et la **fiche 4C – Liste des sentiments**. Divisez le groupe en équipe de deux. Chaque fille à tour de rôle fait une déclaration au « je », en se servant de la liste des sentiments. Elle peut inventer un scénario et imaginer ce qu'elle voudrait de l'autre personne. Ensuite, elle exprime le même sentiment sans commencer sa phrase par « je ». Demandez aux participantes de se dire ce qu'elles ont ressenti à exprimer et à écouter les émotions des deux manières.

De retour en groupe, demandez aux filles comment elles se sont senties à écouter et à exprimer des phrases commençant par je. Comment voulaient-elles réagir aux différentes phrases ? Peuvent-elles imaginer des situations où l'utilisation de phrases au « je » pourrait être utile ? Rassurez les filles en leur disant que si cela peut sembler difficile au début, cette façon d'exprimer leurs sentiments deviendra plus facile et naturelle avec la pratique.

de 10 à 15 min.

4. ACTIVITÉ : BOÎTE À SOUVENIRS

Demandez aux filles de décorer une « boîte à souvenirs ». Elles peuvent utiliser cette boîte pour y ranger des photos, des histoires, des bricoles, etc., qui leur rappellent de beaux moments avec leurs familles et leurs amis(es). Elles peuvent aussi choisir d'offrir cette boîte à souvenirs à quelqu'un de spécial.

15 min.

5. JOURNAL DE BORD

- Décris un moment où toi et tes parents ont bien communiqué. En quoi était-ce une bonne communication ?
- Quels types de choses pouvez-vous faire toi et tes parents afin d'améliorer et de maintenir une bonne relation ?

Communiquer avec les parents ou les tuteurs

Tu as peut-être remarqué que tes relations avec tes parents se transforment. Plusieurs raisons expliquent cette situation. À ton âge, le corps et l'esprit grandissent et se développent. À l'adolescence, on commence à chercher ses propres solutions aux problèmes qui surviennent, à réfléchir de façon autonome à certaines questions et à songer à ce qu'on aimerait faire plus tard. Certains de ces changements peuvent rendre plus difficile la communication avec les parents. Peut-être te disputes-tu plus souvent avec eux qu'auparavant.

Voici quelques conseils pour t'aider à éviter les disputes et à aborder des sujets délicats avec tes parents.

Choisis un moment approprié : Essaie d'opter pour un moment où tes parents sont en mesure de t'écouter attentivement. Dis-leur que tu aimerais discuter d'un sujet particulier avec eux et demande-leur si le moment est bien choisi pour le faire, ou encore de t'indiquer à quel moment ils seront en mesure d'avoir cette conversation. Il peut arriver que tu veuilles discuter d'un sujet urgent. Dans ce cas, avise-les directement que tu dois leur parler d'un sujet urgent.

Regarde-les : Il est plus facile de discuter avec une personne lorsqu'on regarde cette personne. Le fait de regarder ton interlocuteur lorsqu'*il* parle t'aide également à écouter ce qu'il a à dire. Parfois, lorsqu'on regarde ailleurs, on cesse d'écouter son interlocuteur et on se concentre sur ce qu'on va dire ensuite.

Parle d'un ton calme : Réfléchis à la *façon* dont tu vas dire ce que tu as à dire. Si tu empruntes un ton calme au lieu de crier, ce sera plus facile pour tes parents de t'écouter. En répondant à tes parents calmement et en écoutant ce qu'ils ont à dire, tu leur montres que tu es mature et responsable.

Commence en disant quelque chose de gentil : Démarre la discussion avec une phrase agréable ou un compliment. Tu pourrais également aborder tes parents en parlant de sujets de la vie quotidienne.

Sois clair — décris la nature du problème et explique en quoi c'est un problème : Utilise un langage direct et identifie clairement le problème dont tu veux discuter. Réfléchis à ce que tu vas dire au préalable et, si cela t'aide, mets-le par écrit. N'oublie pas d'utiliser des phrases au « je » et de dire comment tu te sens et ce que tu aimerais qui arrive.

Propose une solution : Si possible, essaie de proposer une solution. Explique de quelle façon elle est applicable et quels seraient les avantages d'y recourir. Une fois que vous vous êtes entendus sur la solution à adopter, n'en démords pas. Montre à tes parents que tu es digne de confiance et responsable.

Remercie-les de t'avoir écouté : Lorsque tu désires une conversation respectueuse avec tes parents, tu dois les remercier de l'attention qu'ils te portent.

Utiliser des phrases au « Je »*

Placez-vous en équipe de deux. À tour de rôle, choisissez un sentiment dans la liste tiré de la **fiche 4C – Liste des sentiments** et exprimez-le par une phrase au « Je ». Vous pouvez inventer un scénario et imaginer ce que vous voudriez dans une telle situation. Ensuite, toujours à tour de rôle, exprimez le même sentiment sans utiliser une phrase au « Je ». Discutez de ce que vous avez ressenti en prononçant et en écoutant chaque type de phrases.

1. Identifiez et exprimez clairement vos sentiments. Par exemple :
   - Je suis en colère, irritée, furieuse, contrariée
   - Je suis blessée
   - Je suis triste
   - Je me sens trahie
   - Je suis embarrassée
   - Je me sens seule
   - J'ai honte

2. Utilisez cette formule de base :

   « Quand tu as dit (ou fait) ____________________, j'ai ressenti ____________________. »

   Je m'attends à ce que tu ____________________.

   Voici quelques exemples d'utilisation du « Je » :

   « Comme tu ne m'appelais pas, j'ai ressenti ____________________,

   et je voulais ____________________. »

   « Je t'ai entendue dire ____________________ et je me suis sentie ____________________. »

   « J'étais déçue quand ____________________. Je voulais ____________________. »

* Adapté avec l'autorisation du Girls Circle Association. *Relationships with Peers : 10-Week Facilitator Activity Guide*, Cotati, Californie, Girls Circle Association, 2002-2005.

Liste des sentiments*

ridicule	honteuse	bête	gauche
mal à l'aise	humiliée	distraite	confuse
abandonnée	misérable	déçue	seule
délaissée	insignifiante	rejetée	effrayée
inquiète	craintive	gênée	nerveuse
dépassée	en colère	offensée	rancunière
agacée	exaspérée	frustrée	dégoûtée
troublée	furieuse	bouleversée	trahie
insultée	trompée	dévalorisée	oubliée
intimidée	négligée	perdante	dénigrée
oppressée	impuissante	incapable	inférieure
inadéquate	sans intérêt	amusée	enchantée
distraite	apaisée	défavorisée	contente
fière	excitée	enthousiaste	fabuleuse
calme	soulagée	reconnaissante	détendue
étonnée	redevable	pleine d'espoir	satisfaite
impliquée	préoccupée	curieuse	confiante
optimiste	pleine d'énergie	audacieuse	maladroite
embarrassée	revigorée	motivée	vivante
sécurisée	protégée	terrifiée	indifférente
espiègle	affectueuse	insouciante	utile

* Adapté avec l'autorisation du Girls Circle Association. *Relationships with Peers : 10-Week Facilitator Activity Guide*, Cotati, Californie, Girsl Circle Association, 2002-2005.

Séance 5 : Relations amoureuses

OBJECTIFS

- Discuter de l'influence des relations amoureuses sur l'estime de soi et la dépression.
- Discuter de la façon d'identifier les relations malsaines et d'obtenir de l'aide.
- Discuter de la prise de décision dans les relations amoureuses.

MATÉRIEL ET DOCUMENTS À DISTRIBUER

- ☐ Collation
- ☐ Lecteur de CD ou mp3, et musique
- ☐ Autocollants et marqueurs
- ☐ Ruban adhésif et ciseaux
- ☐ Stylos
- ☐ Fiche 5A : Roue du pouvoir et du contrôle
- ☐ Fiche 5B : Roue de l'égalité
- ☐ Fiche 5C : Mes droits de sortie amoureuse
- ☐ Feuillets 5A-5F : Faits sur la violence dans les fréquentations

RESSOURCES RECOMMANDÉES

Sites Web

Projet VALIDITY♀
www.camh.net/validity
Projet de recherche-développement participatif où les jeunes femmes discutent de leur expérience de la dépression.

Respect in Action (REACT)
www.metrac.org/programs/info/speakers.htm
Information sur un programme d'éducation par les pairs et offert par le comité d'action du Toronto métropolitain contre la violence faite aux femmes et aux enfants (METRAC), et qui inclut des ateliers et conférenciers.

La violence dans les fréquentations – Dites NON!
www.phac-aspc.gc.ca/ncfv-cnivf/publications/rcmp-grc/fem-crimedatvio-eng.php

Site Web de l'Agence de la santé publique du Canada qui procure des lignes directrices sur les mesures à prendre si toi ou un(e) ami(e) êtes dans une relation de violence.

Planned Parenthood Toronto
www.ppt.on.ca
Une ressource pour obtenir des renseignements sur la santé sexuelle, dont de l'information sur la jeunesse LGBTQ.

Bulletin d'information sur la sexualité
www.masexualite.ca
Une ressource qui fournit des renseignements actuels sur la santé sexuelle.

Supporting Our Youth
www.soytoronto.org
Programme du centre de santé Sherbourne à Toronto qui offre des services, des programmes d'extension et du soutien à la jeunesse LGBTT.

Teens Health
http://teenshealth.org/teen
Offre des renseignements sur une variété de sujets d'intérêt pour les adolescents et les parents.

de 25 à 35 min.

1. DISCUSSION : RELATIONS AMOUREUSES

Les jeunes se sentent-ils obligés d'entreprendre une relation amoureuse ? Quel rôle peuvent jouer les attitudes et croyances culturelles ?

- Il est normal que les adolescents s'intéressent aux relations amoureuses.
- Comme les adolescents mûrissent chacun à leur propre rythme, certains s'intéresseront plus tôt que d'autres aux relations intimes. Il arrive que cet intérêt soit plus précoce chez les filles que chez les garçons.
- Les amis et groupes sociaux peuvent influencer l'importance qu'accordera un adolescent aux relations amoureuses. Il arrive que le jeune se sente pressé d'entreprendre une relation car c'est la « chose que les personnes populaires font ».
- Certaines cultures voient les relations amoureuses d'un tout autre œil. L'adolescent provenant de cette culture se sent alors tiraillé, car il veut s'intégrer à l'école tout en respectant les désirs et la culture de ses parents.

Comment décrirais-tu une relation amoureuse saine ?

- Une relation saine comprend le respect mutuel, la confiance, la bonne communication, l'honnêteté, le soutien, l'égalité et des identités respectives.

Penses-tu que l'identité sexuelle et l'intérêt dans les relations de même sexe peuvent influencer l'estime de soi d'une adolescente ? Comment ?

- Une participante au projet de l'équipe VALIDITY♀ : *Écoutez-moi, Comprenez-moi, Supportez-moi* (2006, p. 31) a déclaré :

  Je me souviens du jour où une conversation entre deux camarades de classe a attiré mon attention. J'étais alors en 4e année du secondaire : « Je ne crois pas qu'on devrait permettre les mariages entre personnes de même sexe ; ce n'est pas bon pour la société. C'est contre nature. C'est dégoûtant. Penses-y, ils vont essayer de nous convertir. » Cette conversation m'a rendue folle de rage et des milliers de questions se bousculaient dans ma tête : Que connais-tu des queers ? Qu'y a-t-il de mal aux mariages gays ? Pourquoi vous tous, hétéros, vous en prenez-vous toujours à nous ?

- Selon des études américaines, les adolescents d'orientation gay, lesbienne et bisexuelle sont plus susceptibles de songer sérieusement à se suicider ou à tenter de le faire que les adolescents hétérosexuels (Russell et Joyner, 2001; Faulkner et Cranston, 1998).

Quelle différence y a-t-il entre l'attirance, le désir sexuel et l'amour ?

- L'attirance est l'admiration ou l'attraction stimulée par nos émotions.
- Le désir sexuel est le goût d'avoir des relations sexuelles avec la personne.
- L'amour est un sentiment puissant d'attention et de tendresse envers l'être aimé qui comprend un lien d'attachement mutuel et de dévouement fondé sur la compréhension et la confiance, et sur la vision d'un avenir partagé.

Comment peux-tu faire la différence ?

- L'évolution des relations prend du temps. Les expériences vécues ensemble, les conversations et les activités aident à mieux connaître la personne.

Crois-tu que la sexualité est perçue différemment par les garçons et les filles ? Pourquoi ?

- Une étude menée auprès de filles du secondaire ayant un petit ami a constaté que celles dont le petit ami était au moins trois ans plus âgé qu'elles étaient plus susceptibles que les filles dont le petit ami était du même âge qu'elles d'avoir des rapports sexuels intimes de toutes formes, d'avoir des relations sexuelles sous l'influence de l'alcool ou d'autres drogues ou d'avoir des rapports sexuels forcés (Gowen et coll., 2007).
- Selon une étude australienne, les adolescentes qui perdent leur virginité lorsqu'elles ne sont pas prêtes – souvent à un jeune âge (âge médian de 14 ans) – risquent davantage d'être déçues et de regretter l'expérience étant donné que la décision de la jeune fille a été influencée par les pairs, les attentes sociales, le besoin d'être acceptée, la consommation d'alcool et le désir de conserver leur relation amoureuse (Skinner et coll., 2009).
- Une étude menée en Angleterre et en Écosse a constaté que dans l'ensemble, 30 % des adolescents regrettaient leur première relation sexuelle; 19 % des filles sentaient qu'elles y avaient été contraintes par la pression comparativement à 10 % chez les garçons (Wight et coll., 2000).

Quel effet une faible estime de soi peut-elle avoir sur les relations amoureuses ?

- Une faible estime de soi peut entraîner une personne à avoir des rapports sexuels précoces, à la promiscuité sexuelle et à entretenir des relations malsaines et abusives.

Si une personne songeait à avoir des relations sexuelles, selon toi, quelles informations importantes devrait-elle connaître et où peut-elle les trouver ?

- Avant de devenir actif au plan sexuel, une jeune personne devrait songer aux questions telles que la contraception et les maladies transmises sexuellement.
- On peut s'informer auprès d'une infirmière en santé publique, d'un(e) travailleur/travailleuse social(e), d'un médecin de famille ou d'une clinique de santé sexuelle.

10 min.

2. ACTIVITÉ : FAITS SUR LA VIOLENCE DANS LES FRÉQUENTATIONS

feuillets 5A à 5F

Qu'est-ce que la violence dans les fréquentations et comment influence-t-elle nos adolescents(es) aujourd'hui ? Affichez les copies des **feuillets 5A à 5F « Faits sur la violence dans les fréquentations »** autour de la pièce. Demandez aux filles de former des équipes de deux ou trois et de visiter chacune des « stations » et d'en profiter pour faire quelques étirements en lisant les statistiques affichées aux murs. Lorsqu'elles reviennent en groupe, demandez-leur de commenter les statistiques. Lesquelles les ont surprises ou encore lesquelles les ont impressionnées ?

de 25 à 35 min.

3. DISCUSSION : RELATIONS MALSAINES OU VIOLENTES

Quels signes peuvent laisser sous-entendre qu'une personne est possiblement dans une relation violente ?

fiche 5A
fiche 5B

Utilisez les **fiches 5A : La roue du pouvoir et du contrôle** et **5B: La roue de l'égalité** pour stimuler la discussion.

Voici les signes pouvant indiquer qu'une relation peut devenir violente. Si un partenaire :

- rabaisse et traite son(sa) partenaire de nom
- le(la) critique devant les autres
- l'empêche de fréquenter ses amis(es) ou de faire les choses qu'il(elle) aime
- le(la) frappe, lui donne des coups de pieds ou le(la) pousse
- le(la) touche sans son consentement
- le(la) menace de mettre fin à la relation s'il (si elle) n'est pas d'accord avec lui/elle ou menace de se suicider si l'autre le(la) laisse
- utilise l'argent du conjoint pour ses propres besoins
- l'oblige à consommer de la drogue et/ou de l'alcool
- le(la) blâme quand les choses vont mal
- fait des farces et commentaires désobligeants à l'égard de sa religion, de sa culture ou de son sexe
- lui fait craindre de refuser d'avoir des relations sexuelles
- le ou la force à avoir des relations sexuelles auxquelles il(elle) n'a pas consenti ou avec lesquelles il(elle) n'est pas à l'aise.

Quelles tactiques utilisent les partenaires contrôlants ?

Les partenaires contrôlants peuvent utiliser les tactiques suivantes :

- **Coercition et menace :** Mettre de la pression pour avoir des relations sexuelles, menacer d'être violent, de quitter la relation ou de se suicider.
- **Intimidation :** Frapper le mur, lancer des objets, lancer un regard « menaçant » – pour signifier que le(la) partenaire pourrait y goûter.
- **Violence psychologique :** Traiter de noms, humilier, jouer à la guerre des nerfs. Ceci a pour effet de détruire l'estime de soi. Ces comportements laissent des cicatrices profondes qui sont parfois difficiles à guérir.
- **Isolement :** S'arranger pour mettre fin à des amitiés et éliminer les occasions de rencontres sociales. Se débarrasser des gens qui pourraient venir en aide à l'autre partenaire. Utiliser la jalousie comme preuve d'amour.
- **Minimiser, nier et blâmer :** Dire que ce n'est pas grave, nier qu'il y a un problème, blâmer le partenaire ou d'autres personnes pour ce qui se passe.
- **Privilège masculin :** Traiter les femmes comme des servantes, prendre toutes les décisions sans consulter l'autre, se comporter comme s'il était le « maître des lieux ». Avoir des attitudes, croyances et comportements sexistes.

Que peux-tu faire si tu connais une personne qui est dans une relation malsaine ou violente ?

- Tente d'être présente pour cette personne. Écoute sans donner ton opinion ou ton avis à moins que la personne ne te le demande. Crois ce qu'elle te dit.
- De nombreuses victimes croient que c'est leur faute. Elles croient mériter leur sort. Aide ton ami(e) à lui faire comprendre que ce n'est pas de sa faute.
- N'insiste pas pour que ton ami(e) quitte son ou sa partenaire. Ne rabaisse pas son(sa) partenaire. Ceci risque de l'amener à s'éloigner de toi à un moment où il(elle) a vraiment besoin de toi.
- Reconnais que ton ami(e) peut se sentir confus(e). Ne lui dis pas comment il(elle) devrait se sentir. Reconnais qu'il est possible d'aimer une personne même lorsqu'elle se montre violente envers soi.
- Encourage ton ami(e) à chercher l'aide d'un adulte. Offre-lui de l'aider à trouver un(e) conseiller(ère) en qui il(elle) peut avoir confiance. Offre-lui de te rendre avec lui(elle) pour rencontrer cette personne.
- Appelle la ligne sans frais pour les personnes victimes de violence conjugale afin de savoir comment aider ton ami(e).
- Trouve de l'information pertinente sur les relations violentes et remets-la à ton ami(e).

- Ne blâme pas ton ami(e) en lui disant, par exemple : « Tu es stupide de rester avec lui(elle) » ou « Pourquoi acceptes-tu de te faire traiter comme cela ? » Ce genre de commentaire n'aidera pas ton ami(e).
- N'impose jamais des conditions au soutien que tu lui offres. L'important est de lui dire que tu le(la) soutiendras peu importe sa décision.
- Accepte que ton ami(e) prenne ses propres décisions et respecte-les, même si tu n'es pas d'accord.
- Appelle la police si tu es témoin de violence physique.

20 min.

4. ACTIVITÉ : MES DROITS DE SORTIE AMOUREUSE

fiche 5C

Distribuez la **fiche 5C : Mes droits de sortie amoureuse**. Demandez aux filles de décorer leur copie avec des marqueurs, des collants, etc., tout en discutant de chacune des déclarations.

15 min.

5. JOURNAL DE BORD

Relations amoureuses :

- De quoi as-tu besoin pour te sentir respectée dans une relation ?
- Comment peux-tu communiquer tes besoins de façon efficace à ton partenaire ?

Relations saines et malsaines :

- Réfléchis à une relation dans ta vie et décris un aspect de cette relation qui est important pour toi. Explique pourquoi.
- Réfléchis à une relation importante dans ta vie. S'agit-il d'une relation saine ou malsaine ? Explique pourquoi.

La roue du pouvoir et du contrôle*

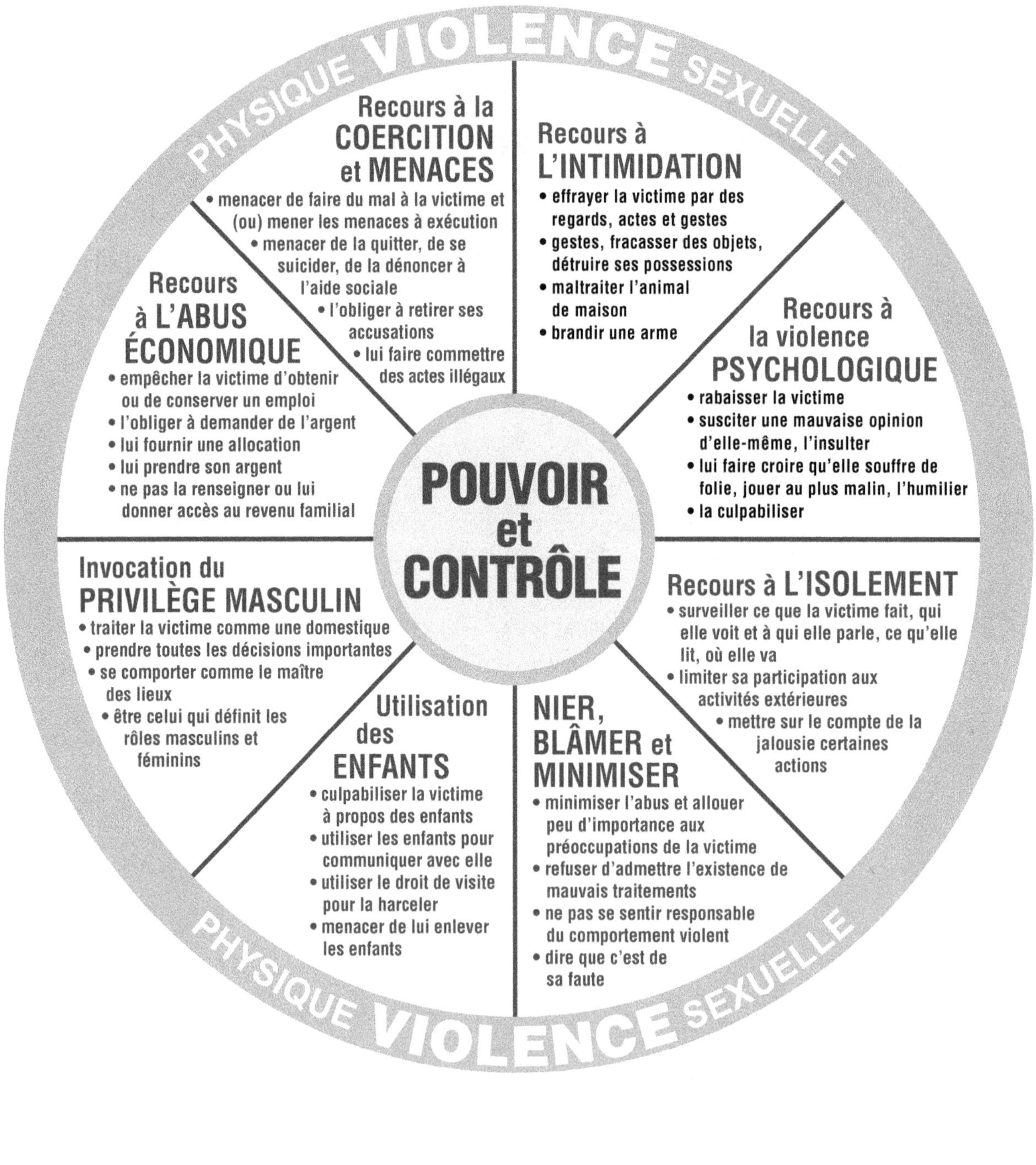

PHYSIQUE VIOLENCE SEXUELLE

Recours à la COERCITION et MENACES

- menacer de faire du mal à la victime et (ou) mener les menaces à exécution
- menacer de la quitter, de se suicider, de la dénoncer à l'aide sociale
- l'obliger à retirer ses accusations
- lui faire commettre des actes illégaux

Recours à L'INTIMIDATION

- effrayer la victime par des regards, actes et gestes
- gestes, fracasser des objets, détruire ses possessions
- maltraiter l'animal de maison
- brandir une arme

Recours à L'ABUS ÉCONOMIQUE

- empêcher la victime d'obtenir ou de conserver un emploi
- l'obliger à demander de l'argent
- lui fournir une allocation
- lui prendre son argent
- ne pas la renseigner ou lui donner accès au revenu familial

Recours à la violence PSYCHOLOGIQUE

- rabaisser la victime
- susciter une mauvaise opinion d'elle-même, l'insulter
- lui faire croire qu'elle souffre de folie, jouer au plus malin, l'humilier
- la culpabiliser

POUVOIR et CONTRÔLE

Invocation du PRIVILÈGE MASCULIN

- traiter la victime comme une domestique
- prendre toutes les décisions importantes
- se comporter comme le maître des lieux
- être celui qui définit les rôles masculins et féminins

Recours à L'ISOLEMENT

- surveiller ce que la victime fait, qui elle voit et à qui elle parle, ce qu'elle lit, où elle va
- limiter sa participation aux activités extérieures
- mettre sur le compte de la jalousie certaines actions

Utilisation des ENFANTS

- culpabiliser la victime à propos des enfants
- utiliser les enfants pour communiquer avec elle
- utiliser le droit de visite pour la harceler
- menacer de lui enlever les enfants

NIER, BLÂMER et MINIMISER

- minimiser l'abus et allouer peu d'importance aux préoccupations de la victime
- refuser d'admettre l'existence de mauvais traitements
- ne pas se sentir responsable du comportement violent
- dire que c'est de sa faute

PHYSIQUE VIOLENCE SEXUELLE

* Utilisé avec l'autorisation du Duluth Domestic Abuse Intervention Project.

La roue de l'égalité*

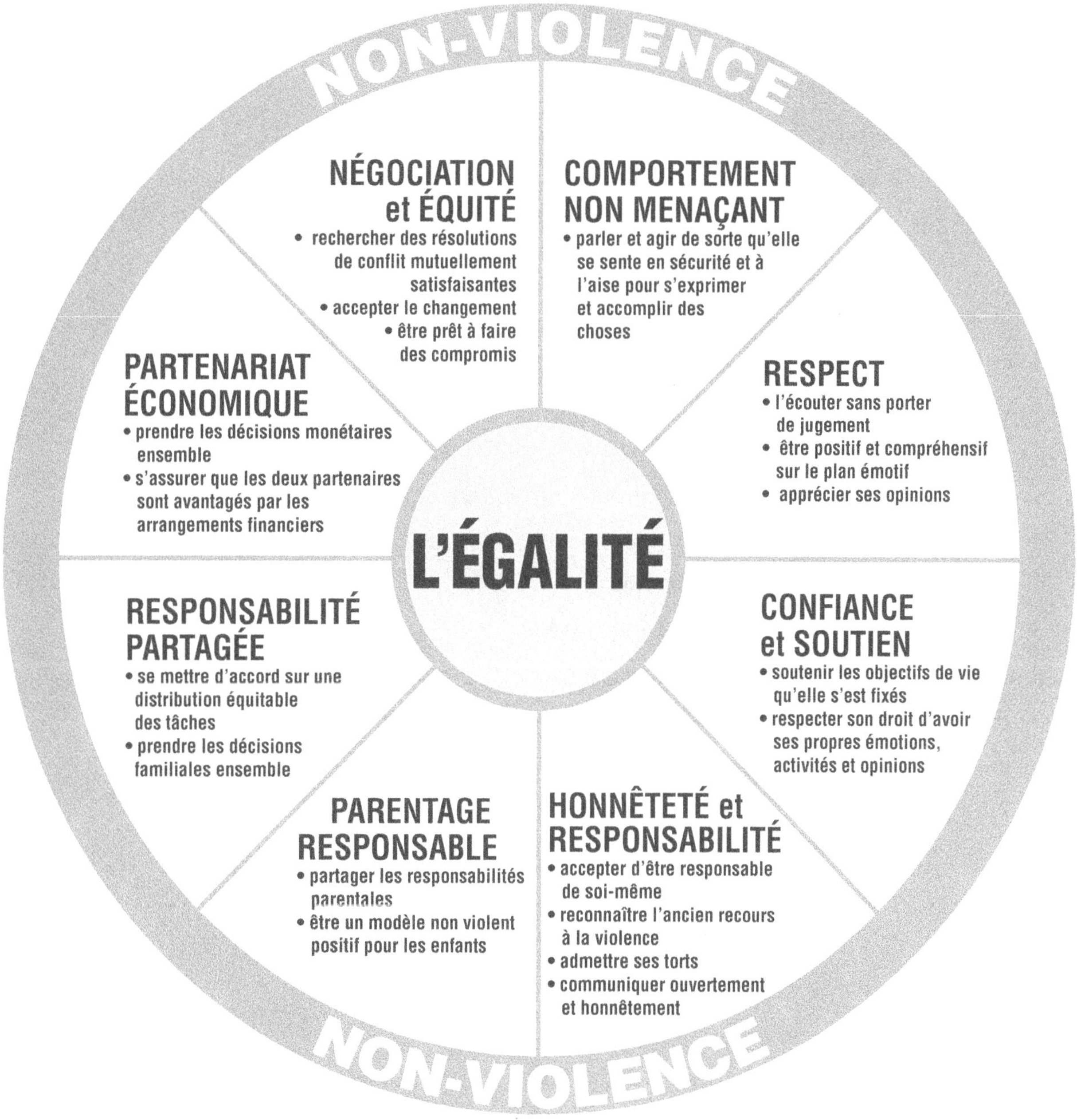

NON-VIOLENCE

NÉGOCIATION et ÉQUITÉ
- rechercher des résolutions de conflit mutuellement satisfaisantes
- accepter le changement
- être prêt à faire des compromis

COMPORTEMENT NON MENAÇANT
- parler et agir de sorte qu'elle se sente en sécurité et à l'aise pour s'exprimer et accomplir des choses

RESPECT
- l'écouter sans porter de jugement
- être positif et compréhensif sur le plan émotif
- apprécier ses opinions

CONFIANCE et SOUTIEN
- soutenir les objectifs de vie qu'elle s'est fixés
- respecter son droit d'avoir ses propres émotions, activités et opinions

HONNÊTETÉ et RESPONSABILITÉ
- accepter d'être responsable de soi-même
- reconnaître l'ancien recours à la violence
- admettre ses torts
- communiquer ouvertement et honnêtement

PARENTAGE RESPONSABLE
- partager les responsabilités parentales
- être un modèle non violent positif pour les enfants

RESPONSABILITÉ PARTAGÉE
- se mettre d'accord sur une distribution équitable des tâches
- prendre les décisions familiales ensemble

PARTENARIAT ÉCONOMIQUE
- prendre les décisions monétaires ensemble
- s'assurer que les deux partenaires sont avantagés par les arrangements financiers

L'ÉGALITÉ

NON-VIOLENCE

* Utilisé avec l'autorisation du Duluth Domestic Abuse Intervention Project

Mes droits de sortie amoureuse*

J'ai le droit...

d'avoir des relations d'égal à égal

de dire « non » à la proximité physique

de refuser un rendez-vous sans me sentir coupable

de ne pas être agressée verbalement ou physiquement

d'établir des limites, de dire « oui » ou « non »

d'avoir mes propres intérêts et plans

de ne pas agir pour séduire

de changer d'idée

d'être moi !

d'exprimer mes sentiments et de dire aux autres ce que je veux ou non

de dire « Je n'ai pas envie de te faire plaisir maintenant »

de sortir seule et de n'être accompagnée par personne

de dire « Je veux mettre un terme à notre relation »

d'avoir des amis, y compris du sexe opposé

de dire « Je t'aime » sans passer à l'acte

de dire « Je ne veux pas faire cela »

de cesser toute activité même quand je suis en plein milieu

de faire respecter ma morale, mes valeurs et mes croyances

de dire : « J'ai besoin de mieux te connaître avant
de m'engager ou de faire l'amour avec toi »,

de discuter de mes relations de façon confidentielle avec des gens
qui ont ma confiance et mon respect

de placer ma santé et mon bonheur avant tout

de t'aviser lorsque tu me traites de façon inappropriée ou irrespectueuse

de fixer mes propres buts dans la vie

de les modifier quand je le désire

d'être aimée pour qui je suis sans être forcée de changer.

* Adapté avec l'autorisation du Girls Circle Association. *Paths to the Future: 12-Week Facilitator Activity Guide*, Cotati, Californie, Girls Circle Association, 2002-2005

Faits sur la violence dans les fréquentations

Au Canada, plus de 50 % des femmes ont vécu au moins un épisode de violence physique ou sexuelle depuis l'âge de 16 ans.

Source : *Évaluation de la violence contre les femmes : un profil statistique* (rapport commandé par les ministres responsables de la condition féminine des gouvernements fédéral, provinciaux et territoriaux, Ottawa, 2002.

Faits sur la violence dans les fréquentations

Au Canada, moins de 10 % des agressions sexuelles sont signalées à la police.

Source : Statistique Canada. *Mesure de la violence faite aux femmes, tendances 2006*, Ottawa, Statistique Canada, 2006.

Faits sur la violence dans les fréquentations

Lors d'une étude :

- près de 50 % des élèves de sexe féminin du secondaire ont affirmé avoir été victimes de violence psychologique
- près de 15 % ont dit avoir été physiquement forcées à avoir une relation sexuelle
- près de 10 % ont indiqué avoir subi une agression physique.

Source : Dekeseredy, W.S. et M.D. Schwartz. *Measuring the Extent of Woman Abuse in Intimate Heterosexual Relationships: A Critique of the Conflict Tactics Scales*, National Resource Centre on domestic Violence, Harrisburg, Pennsylvanie, National Resource Center on Domestic Violence, 1998.

Faits sur la violence dans les fréquentations

Les jeunes filles et les jeunes femmes de 16 à 24 ans sont les plus susceptibles d'être victimes de violence familiale et affichent le taux le plus élevé de violence conjugale non mortelle par habitant.

Source : Rennison, C. M. *Intimate Partner Violence and age of Victim* 1993 –1999, Washigton DC, US Department of Justice, 2001.

Faits sur la violence dans les fréquentations

Les femmes de moins de 25 ans forment le groupe le plus vulnérable aux actes de violence, en particulier lorsqu'elles tentent de mettre un terme à une relation violente. Les jeunes femmes présentent le risque le plus élevé d'agression par leur partenaire, d'homicide conjugal et d'agression sexuelle.

Source: Status of Women Canada. (2002). *Assessing Violence Against Women: A Statistical Profile*. Report commissioned by Federal/Provincial/Territorial Ministers Responsible for the Status of Women. Ottawa: Author.

Faits sur la violence dans les fréquentations

Dans le cadre d'une étude longitudinale, les chercheurs ont découvert que les filles aux prises avec une dépression étaient près de deux fois plus susceptibles que les autres filles d'être victimes d'un épisode de violence modérée à grave aux mains de leur partenaire une fois à l'âge adulte.

Les chercheurs ont conclu que les jeunes femmes ayant des antécédents de dépression à l'adolescence pourraient être plus susceptibles d'établir des relations avec des partenaires à haut risque.

Source : Lehrer, J.A., S. Buka, S. Gortmaker et L.A. Shrier. « Depressive symptomatology as a predictor of exposure to intimate partner violence among U.S. female adolescents and young adults », *Archives of Pediatrics and Adolescent Medicine*, vol.160, no 3 (2006), p. 270-276.

Séance 6 : Estime de soi

OBJECTIFS

- Encourager les filles à avoir une bonne estime d'elles-mêmes à long terme grâce à des discussions et à la création.
- Discuter du pouvoir des mots.
- Discuter des facteurs qui peuvent influencer l'estime de soi.
- Discuter de l'interrelation entre l'estime de soi et la dépression.

MATÉRIEL ET DOCUMENTS À DISTRIBUER

- ☐ Tableau de papier et marqueurs
- ☐ Collation
- ☐ Lecteur de CD ou mp3, et musique
- ☐ Lecteur DVD et DVD de danse (ou instructrice de danse)
- ☐ Stylos
- ☐ Cartes, marqueurs, matériel nécessaire pour confectionner des cartes de remerciement (optionnel)

RESSOURCES RECOMMANDÉES

Sites Web

Zone interactive sur l'estime de soi Pour filles seulement
http://www.dove.ca/fr/default.aspx#/cfrb/girlsonly/
Site Web interactif qui explore les questions d'estime de soi et d'image corporelle.(Remarque : ce site est commandité par les produits de soins personnels Dove).

Real Me Experience
www.realme.ca
Site Web interactif du centre d'information national sur les troubles de l'alimentation (National Eating Disorder Information Centre) qui permet aux filles d'explorer la question de l'image corporelle et les sujets qui y sont reliés).

5 min.

1. ACTIVITÉ BRISE-GLACE : CE QUE J'AIME CHEZ MOI

- Demandez aux jeunes filles de s'asseoir en cercle. Faites le tour et demandez à chacune d'elles de décrire une chose qu'elles aiment d'elles-mêmes et qui n'est pas un attrait physique.

30 min.

2. DISCUSSION : ESTIME DE SOI

Qu'est-ce que l'estime de soi ? Qu'est-ce qui peut influencer l'estime de soi ?

- L'estime de soi est la façon dont une personne perçoit ses capacités et sa valeur en tant qu'être humain.
- L'estime de soi peut être affectée par des relations malsaines avec ses parents, amis, partenaires intimes, professeurs ou entraîneurs, par des modèles irréalistes dans les médias ; elle peut aussi souffrir si la personne tente d'atteindre la perfection, se donne des buts irréalistes, se compare constamment aux autres et recherche l'approbation des autres.

Pourquoi l'estime de soi est-elle importante ?

- Elle te permet d'être fière des choses que tu accomplis.
- Elle te donne le courage d'entreprendre de nouvelles choses et te donne la force de croire en toi.
- Elle te permet de te respecter même lorsque tu fais des erreurs.
- Si tu te respectes, les personnes de ton entourage (adultes et autres) te respecteront à leur tour.
- Elle te donne la force de respecter et d'honorer les valeurs auxquelles tu crois. Tu auras également la confiance nécessaire pour faire de bon choix pour ta santé physique et mentale. Quand tu as une bonne estime de soi, tu es en mesure de prendre de bonnes décisions et de faire de bons choix.

Que signifie pour toi « Te valoriser ? »

- C'est apprendre à te connaître ; à écouter ce qui se passe à l'intérieur de toi – tes pensées, sentiments et besoins – et à te demander : « Qu'est-ce qui est important pour moi ? »
- C'est prendre du temps pour toi. Donne-toi la permission de faire les choses qui te sont importantes et non qui importent à tes parents et amis(es).

Comment ton estime de soi est-elle affectée lorsque tu te sens déprimée ?

- La dépression chez les adolescents(es) entraîne généralement des problèmes sociaux et interpersonnels qui ont un impact direct sur l'estime de soi.
- Outre la dépression, d'autres problèmes surgissent autour d'une piètre estime de soi, à savoir les relations sexuelles non protégées, les activités criminelles et les problèmes de drogue ou d'alcool.
- Une participante au projet de l'équipe VALIDITY♀ *Écoutez-moi, Comprenez-moi, Soutenez-moi...* (2006, p 29). a déclaré :

  Personnellement, je sais que le fait de me comparer aux top modèles a fait chuter mon estime de moi, ma confiance en moi, mon sentiment d'identité et de valorisation et, éventuellement, ma joie de vivre, mon amour-propre et mon bonheur, sans compter ma santé. Je suis devenue cliniquement déprimée alors que j'étais déjà aux prises avec un trouble de l'alimentation.

Que peux-tu faire pour rehausser ton estime de soi ?

- T'aimer, te respecter et t'accepter
- Apprendre à te fixer des objectifs réalistes et réalisables
- Avoir de la compassion envers toi-même et envers les autres
- Reconnaître et honorer ton unicité et celle de tes amis(es)
- Prendre soin de ta santé physique, émotive et spirituelle
- Te souvenir que tu es beaucoup plus que ton apparence physique
- Te garder en santé et active (cela ne veut pas dire être nécessairement mince)
- Donner un sens à ta vie
- Cultiver ton sens de l'humour
- Être fière de ton héritage culturel
- Te sentir en sécurité
- Faire de bonnes choses pour les autres
- Développer tes compétences
- Créer un réseau de soutien composé de membres de ta famille et d'amis(es)
- Valoriser et donner de l'importance à tes besoins, te donner la priorité
- Adopter une pensée positive
- Utiliser des affirmations positives à ton sujet afin de garder une vision positive
- Apprendre à accepter des compliments avec grâce

Qu'est-ce que « le discours intérieur » ?

- Le discours intérieur est le fait de se parler à soi-même.
- C'est un message automatique en réaction à nos gestes. Cette voix intérieure peut être notre « championne » ou notre « critique ».
- Notre discours intérieur peut grandement affecter notre estime de soi. Quand, par exemple, tu fais une erreur, te dis-tu : « Tout le monde fait des erreurs » ou «Que je suis stupide » ? Lorsque tu réussis, te dis-tu : « Oui ! J'ai réussi ! » ou « J'aurais pu faire mieux » ?
- Un discours intérieur négatif est souvent relié à la dépression. Un discours intérieur qui mène à des sentiments et comportements négatifs peut se produire lorsque :
  - notre petite voix exige la perfection et perçoit les petits problèmes comme des « échecs » ;
  - nous exagérons nos erreurs ;
  - nous généralisons à l'excès en disant : « Je rate tout » ou encore « Je ne fais jamais rien de bien » ;
  - nous nous sentons nulles et nous disons : « Je ne pourrai jamais faire ça ».
- Exercez-vous à changer votre discours intérieur pour être plus indulgente, réaliste et empathique. Pensez aux qualités que vous appréciez chez votre meilleure amie. Si votre meilleure amie vous critiquait continuellement et n'avait jamais rien de positif à vous dire, elle ne resterait sûrement pas votre meilleure amie très longtemps. Votre discours intérieur devrait être comme votre meilleure amie.

15 min.

3. ACTIVITÉ : CRITIQUE OU CHAMPIONNE

- Demandez aux filles de s'asseoir en cercle en fermant les yeux et lisez à haute voix la liste* des affirmations « critiques ». Par la suite, écrivez au tableau comment les filles se sont senties durant la lecture. Demandez-leur comment leur corps a réagi. Puis, répétez l'exercice en lisant les affirmations « championnes ». Ceci permet de reconnaître le pouvoir des mots, cette activité pourrait inspirer l'écriture dans le journal de bord à la page 78.

Affirmations critiques

Je ne peux pas.
Je dois.
J'ai peur de faire cela.

* Adapté avec l'autorisation du Girls Circle Association. Mind/Body/Spirit : 12-Week Facilitator Activity Guide, Cotati, Californie, Girls Circle Association, 2002-2005.

Je ne réussirai pas.
Je ne suis pas bonne à cela.
Je ne peux pas le faire.
Je suis nulle.
Je ne serai plus jamais heureuse.
Je suis incapable de changer cela.
Je suis stupide.
Je ne comprendrai jamais.
Je ne suis pas aussi bonne que les autres.
Je suis laide.
Je me déteste.
Je rate toujours tout.
Je suis une pauvre fille.
Je ne fais jamais rien de bon.
Je n'y arriverai jamais.

Affirmations championnes

Je peux.
Je choisis, je veux.
Je peux essayer.
Je vais réussir.
Je peux y arriver.
Je peux y parvenir.
Je suis spéciale.
Je surmonterai mes difficultés.
Je peux changer les choses.
Je suis intelligente.
Je vais comprendre.
Je suis qui je suis et c'est parfait comme ça.
Je suis séduisante.
Je m'aime.
Je connais souvent des succès.
Je suis quelqu'un de bien.
Je peux réussir plein de choses.
Je peux y arriver, je vais essayer !

de 30 à 40 min.

4. ACTIVITÉ DE DANSE

- Demander à une instructrice de danse de venir enseigner quelques pas – mouvements aux participantes. (Hip Hop, danse du ventre ou Break Dancing)
- Les animatrices peuvent également s'informer si une des participantes qui connaît bien la danse serait prête à enseigner quelques pas au reste du groupe.
- Une autre option peut être de louer un DVD de danse.

20 min.

5. ACTIVITÉ : CARTE DE REMERCIEMENT (OPTIONNEL)

- Les filles du groupe reçoivent le matériel nécessaire pour confectionner une carte de remerciement qu'elles pourront, par la suite, donner à un membre de la famille ou à une amie qui les valorise et les apprécie.

10 min.

6. JOURNAL DE BORD

Demandez aux filles du groupe de réfléchir aux sujets suivants :

- Pense à une chose positive que tu peux faire pour toi-même ou pour une autre personne et qui ferait une différence dans ta ou sa vie. Explique en quoi cela serait positif.
- Quand tu te parles à toi-même (ton discours intérieur), que te dis-tu ? Si ton discours intérieur est négatif, comment peux-tu le rendre plus positif ? Comment un discours intérieur négatif peut-il t'empêcher d'être la personne que tu veux devenir ou de faire les choses dont tu rêves ?

Séance 7 : Image corporelle et médias

OBJECTIFS

- Encourager les filles à faire un examen critique de l'idéal féminin présenté dans les médias, et comment celui-ci déforme l'image corporelle.
- Examiner le lien entre les images dans les médias et l'estime de soi.
- Faire un remue-méninges sur les façons de promouvoir une image corporelle saine.
- Discuter des liens entre l'image corporelle et la dépression.

MATÉRIEL

☐ Tableau de papier et marqueurs
☐ Collation
☐ Lecteur CD ou mp3 et musique
☐ Variété de revues pour femmes
☐ Carton (un par groupe de deux ou trois filles)
☐ Ciseaux, colle, ruban gommé, marqueurs
☐ Ordinateur avec accès à Internet (optionnel)
☐ Stylos

RESSOURCES RECOMMANDÉES

Sites Web

About Face
www.about-face.org
Procure des outils pour mieux comprendre et résister aux messages destructifs dans les médias.

Body Image Coalition of Peel
www.bodyimagecoalition.org/everybody1.html
Procure de l'information et un bon de commande pour le *Guide de l'animatrice Bien dans TA peau* – un programme qui fait la promotion d'une image du corps saine, d'une bonne estime de soi, d'une saine alimentation et d'une vie active pour les adolescents.

Dove Self-Esteem Film Gallery
www.campaignforrealbeauty.ca/dsef07/t5.aspx?id=7985
Fournit des renseignements et des outils interactifs pour promouvoir une image corporelle positive, notamment dans le clip vidéo « Évolution » qui nous montre comment les images manipulées à l'ordinateur peuvent déformer nos idéaux de la beauté.

Réseau éducation médias
www.media-awareness.ca
Offre divers articles sur l'image corporelle, les médias, l'estime de soi et la sexualisation des filles.

National Eating Disorder Information Centre
www.nedic.ca
Procure des renseignements et des ressources sur les troubles de l'alimentation et les préoccupations à l'égard de la nourriture et du poids corporel. Une ligne d'information téléphonique est également offerte et renseigne les appelants sur les traitements et les mesures de soutien disponibles.

Real Me Experience
www.realme.ca
Site interactif sur l'exploration de l'image corporelle et l'estime de soi chez les jeunes filles.

The Student Body: Promoting Health at Any Size
http://research.aboutkidshealth.ca/thestudentbody/home.asp
Module de formation en ligne, produit par l'hôpital pour enfants malades de Toronto, afin d'aider les enseignants et adultes à prévenir les régimes néfastes chez les enfants.

30 min.

1. DISCUSSION : IMAGE CORPORELLE ET MÉDIAS

Qu'est-ce que l'image corporelle ? Comment définirais-tu une image corporelle saine et une image corporelle malsaine ?

- L'image corporelle est l'image mentale que tu as de ton corps. Cette image comprend tes sentiments et ton attitude face à ton apparence physique ainsi que la perception des autres.

- Une personne ayant une image corporelle saine accepte et apprécie que les corps en santé se présentent sous différentes formes et grosseurs. Elle reconnaît aussi les attraits de son corps, se sent bien dans sa peau et est satisfaite de son corps. Elle se montre aussi critique à l'égard des messages qui véhiculent l'image du corps parfait.
- Une personne ayant une image corporelle malsaine s'inquiétera de l'image qu'elle a d'elle-même et de l'image qu'auront les autres d'elle. Elle peut être mal dans sa peau et insatisfaite de son corps.

Qu'est-ce qui peut influencer l'image corporelle ?

- Les comportements des amis(es) (comparaison du poids, de la taille des vêtements, etc.), les comportements des membres de la famille (être considérée comme la personne ayant un surplus de poids dans la famille, certains membres qui accordent beaucoup d'importance à la nourriture et au poids).
- Selon les recherches, il semblerait que les cercles d'amis pour qui l'apparence physique est importante ont une influence négative sur l'image corporelle, les habitudes alimentaires et les activités physiques des membres du groupe.
- La pression qu'exerce la société sur les filles à être parfaites entraîne chez nombreuses d'entre elles des comportements nuisibles : suralimentation, sous-alimentation, exercices excessifs ou sédentarité.
- L'influence des médias exerce aussi une très grande emprise sur l'image corporelle des filles et des femmes.

Quelles formes de médias nous influencent-elles et pourquoi y avons-nous recours ?

- Dans notre société, nous avons recours à une vaste gamme de médias : radio, télévision, Internet, journaux, revues, publicités, enregistrements, panneaux publicitaires, cinéma, etc., pour :
  - accéder à l'information
  - se détendre
  - se divertir
  - s'évader
  - vivre des expériences et des sensations hors de l'ordinaire
  - vendre des produits et des services
  - communiquer
  - savoir se qui se passe dans nos communautés et dans le monde

Qu'est-ce qui est rentable pour les médias ?

- La publicité paye pour les programmes, les messages et le divertissement. La commercialisation des produits mise souvent sur nos vulnérabilités et nos faiblesses.

Comment les femmes sont-elles représentées dans les médias ?

- Voici les stéréotypes courants de la femme : la minceur extrême, un corps irréaliste en forme de « sablier », de très gros seins et les cheveux, la peau, le maquillage et les vêtements parfaits. Elle est souvent passive ou contrôlante, douce et naïve ou bien méchante. Elle pense à fonder une famille, est sexualisée, dépendante de l'homme, très investie dans les relations et est obsédée par sa coiffure, la mode, le maquillage ou les produits ménagers. Elle est souvent victime ou déresponsabilisée. Enfin, elle est souvent dépeinte comme étant jeune, mince et désirable ou bien vieille, grosse et indésirable. Peu importe l'origine ethnique de la femme, le modèle féminin tend à ressembler aux traits de la femme blanche ou, encore, elle est sexualisée et on lui donne un air exotique.

Comment les images véhiculées dans les médias peuvent-elles influencer l'image corporelle et l'estime de soi des femmes ?

- Les jeunes femmes ont souvent tendance à se comparer aux images parfaites et inaccessibles que proposent les médias, puisque la plupart de ces images sont produites par ordinateur et ont été retouchées.
- L'estime de soi d'une jeune fille peut être grandement affectée surtout si elle se compare continuellement à ces images dans son discours intérieur.
- Le stress et la frustration liés au fait de vouloir ressembler à tout prix à ces corps irréalistes peuvent entraîner les jeunes femmes à intérioriser des croyances et des pensées négatives à leur égard.
- Le fait de constamment voir des images où les femmes sont représentées comme étant provocantes peut entraîner un sentiment d'impuissance chez les jeunes filles.

Une image corporelle négative peut entraîner de mauvaises habitudes alimentaires et la manipulation du poids chez les gens. Qu'est-ce que cela signifie ?

- Les restrictions alimentaires ainsi que l'alimentation et les programmes d'exercices excessifs ou déréglés font partie des habitudes alimentaires malsaines et des moyens de manipuler son poids.
- Une alimentation saine est toujours bénéfique pour notre corps, mais les régimes amaigrissants sont souvent *mal*sains, car la perte de poids visée a pour objectif une plus belle apparence plutôt qu'une meilleure santé et le bien-être. Une saine alimentation et l'activité physique peuvent encourager les gens à atteindre un poids santé.
- La forme du corps et la stature sont héréditaires. Selon une étude, ces caractéristiques sont héréditaires à 77 % chez les femmes (Herskind, 1996).
- Les parents qui entreprennent des diètes encouragent aussi leurs enfants à suivre un tel régime.
- Les régimes amaigrissants peuvent entraîner des troubles de l'alimentation, mais régimes amaigrissants et troubles de l'alimentation sont deux choses distinctes.
- Les troubles alimentaires, tels que l'anorexie et la boulimie sont des maladies mentales.

Comment faire pour avoir une image corporelle saine ?

- Il est important de savoir que les belles femmes ont des formes différentes et variées.
- La beauté vient de l'intérieur de la personne : la confiance qui transparaît sur son visage, la joie d'avoir une famille et des amis(es) ou tout ce qui importe pour elle.
- Mettre l'accent sur ses caractéristiques positives et sur les choses que l'on *peut* contrôler.
- Commencer à manger davantage de fruits et de légumes et à faire de l'exercice. Déjà, ces petits changements nous font mieux nous sentir.
- Ne surtout pas croire tout ce que l'on voit dans les médias. Voir les images dans les médias pour ce quelles sont : reconstruites, manipulées et irréelles.

Comment les images sont-elles manipulées ?

- Même les mannequins que la plupart des gens considèrent comme « idéales » ne le sont pas suffisamment pour les publicités. Les médias n'en parlent pas, mais les femmes parfaites qu'on nous présente n'existent pas vraiment. Avant la publication, les photographes retouchent les photos en laboratoire, notamment à l'aide d'un aérographe, et font de la manipulation numérique. Ils éliminent les rides, amincissent la taille, effacent les boutons, font briller les cheveux, ajoutent de la couleur au teint, etc. En nous incitant à viser l'impossible, les publicitaires font de nous de perpétuelles consommatrices.

- Le site Web www.media-awareness.ca contient plusieurs articles pertinents à ce sujet (c.-à-d. la beauté et l'image corporelle dans les médias). Le site offre également des ressources pédagogiques sur les médias et l'Internet à l'intention des enseignants et des parents. D'autres sites Web présentent des photos retouchées, comme par exemple http://www.psychcentral.com/ (en anglais) dans un article intitulé « Minding the Media: The Latest Round of Photoshopped Celebrities. »

30 min.

2. ACTIVITÉS : COLLAGE DE PHOTOS DE MAGAZINES

Demandez aux participantes de créer toutes ensemble une « page graffiti » qui traduira ce que cela représente pour elles que d'être une fille.

Puis, en groupe de deux ou trois, demandez à la moitié des groupes de créer un collage composé d'au moins cinq photos qui illustrent négativement la femme. Demandez à l'autre moitié de créer un collage d'au moins cinq photos qui illustrent les femmes sous un angle positif. Les groupes doivent donner un titre à leur collage et écrire un message pour chaque photo.

Une fois les collages terminés, animez une discussion sur les différents messages et comparez-les à la « page graffiti ».

35 min.

3. ACTIVITÉ : CONTESTER LES MESSAGES NÉGATIFS DANS LES MÉDIAS

Plusieurs bons sites Web encouragent les jeunes filles à jouer un rôle actif pour contester les messages dommageables véhiculés par les médias. L'excellent site américain www.about-face.org peut facilement être utilisé pour encourager le militantisme à cet égard. Le site critique les annonces publicitaires actuelles et fournit une liste des 10 annonces publicitaires les plus préjudiciables ainsi que des dix plus positives. On y trouve également les adresses des annonceurs et des lettres types pour accélérer le processus de protestation et mettre l'accent sur l'action. Demandez aux jeunes filles de passer le site en revue et de choisir une publicité, négative ou positive. Formez ensuite des petits groupes qui auront pour tâche d'élaborer une réponse qu'elles feront parvenir à l'entreprise concernée.

Si la classe n'a pas accès à Internet, vous pouvez suggérer de faire l'activité à la maison.

15 min.

4. JOURNAL DE BORD

Demandez aux participantes de réfléchir aux sujets suivants :
- Quelle est ta définition d'une belle femme ?
- De quelle façon te compares-tu aux autres femmes ? Comment cela influence-t-il ton estime de soi ? Que peux-tu faire pour moins te comparer aux autres ?
- Que peux-tu te dire lorsque tu vois des images irréelles de jeunes femmes dans les médias ?

Séance 8 : Préjugés, dépression et récapitulation

OBJECTIFS

- Passer en revue les causes, les symptômes et le traitement de la dépression.
- Discuter des préjugés entourant la maladie mentale.
- Discuter ensemble de ce que chaque participante a appris sur elle-même et les autres durant le programme.
- Remplir le formulaire d'évaluation du programme.

MATÉRIEL

- ☐ Tableau de papier et marqueurs
- ☐ Collation
- ☐ Lecteur de CD ou mp3, et musique
- ☐ Stylos
- ☐ Fiche 8A : Post-test/commentaires
- ☐ Fiche 8B : Certificat de participation

RESSOURCES RECOMMANDÉES

Teens Health
www.kidshealth.org/teen
Comprend une foule d'articles utiles sur la santé mentale et les thérapies.

L'Association canadienne sur la santé mentale
www.cmha.ca
Site Web utile pour obtenir de l'information sur la santé mentale des adolescents et des adultes.

Centre de toxicomanie et de santé mentale
www.camh.net
Fournit de l'information, des ressources, des publications, des cours dirigés en ligne ainsi que des renseignements sur l'obtention de traitement.

de 30 à 45 min.

1. DISCUSSION : PRÉJUGÉS ET DÉPRESSION

Qu'est-ce qu'un préjugé ?

- C'est une étiquette négative lorsqu'on parle, par exemple, de maladie mentale. C'est un mot qui renvoie aux attitudes (préjugés) ou aux comportements (discrimination) négatifs à l'endroit de personnes qui ont des particularités, des traits de caractère ou un trouble considérés comme indésirables et honteux par la société.
- Nous avons tendance à étiqueter les personnes en fonction de ce qu'elles font plutôt que sur ce qu'elles sont. Par exemple, on peut dire d'une personne vivant avec la dépression qu'elle est *dépressive*, au lieu de la considérer dans sa globalité et de ne voir alors sa dépression que comme un seul aspect (souvent temporaire) de sa personne.

Que peux-tu faire si une personne te traite des noms ou te colle une étiquette ?

- Au lieu de vivre de la colère ou de la frustration à l'égard de cette personne, permets-toi d'en rire, de l'ignorer, etc.
- L'important c'est de ne pas laisser la personne qui tente de t'étiqueter décider de la façon dont toi et ton entourage te percevrez.

Est-il juste de juger un groupe de gens en fonction des gestes posés par quelques personnes seulement ?

- Demandez aux filles de se fermer les yeux et lisez le passage suivant à haute voix en prenant un ton dramatique.*

> Un désastre pourrait survenir d'une minute à l'autre. Un groupe de personnes menace la collectivité. On ignore trop souvent leurs comportements dangereux, jusqu'à ce qu'il soit trop tard. Le public est en colère parce qu'un nombre alarmant de *blondes* blessent ou tuent des personnes innocentes. Presque tous les jours, on entend aux nouvelles qu'un meurtre ou une attaque a été perpétré par une *blonde*. Un grand nombre de personnes se demandent pourquoi on les laisse vivre librement dans la société. Même si, comme certains le prétendent, ce n'est qu'une petite minorité qui cause des problèmes, il n'est pas toujours possible de savoir quelles *blondes* sont dangereuses. Nous devons accorder la priorité aux droits de la collectivité et

* Source : Centre de toxicomanie et de santé mentale *Au-delà des étiquettes*, Toronto, CAMH, 2005

garder les *blondes* dans des établissements sûrs où elles seront traitées sans cruauté. C'est pour leur bien et pour le nôtre.

Dites aux filles d'ouvrir leurs yeux et demandez-leur ce qu'elles pensent de cette histoire. Soulignez le fait que les personnes ayant une maladie mentale sont souvent dépeintes de cette façon.

Quels sont les effets des préjugés ?

- Ils peuvent amener les personnes à cacher leur problème et à n'obtenir de l'aide que lorsque le problème s'est grandement aggravé.
- Ils peuvent empêcher les gens de se faire des amis, de se trouver un travail, de poursuivre leurs études ou de participer à des activités.
- Ils entraînent des sentiments négatifs à l'égard de soi.
- Ils poussent les gens à s'isoler.
- Ils mènent à la dépression.
- Ils causent des suicides.

Que pouvons-nous faire pour réduire les préjugés dont font l'objet les personnes vivant avec une maladie mentale, telle la dépression ?

- Parler de la maladie mentale et s'informer sur la maladie afin de mieux comprendre les autres.
- Se rendre compte que 25 % de la population vivra un épisode de maladie mentale au cours de sa vie.
- Ne pas écarter ses amis(es) qui vivent avec une maladie mentale, mais plutôt leur parler et les soutenir. Elles ont besoin de nous. Les réseaux de soutien sont un élément important qui permet d'aider les personnes atteintes de maladies mentales. Le réseau d'amis est une ressource très importante chez les adolescents.
- Respecter la différence.
- Ne pas accoler d'étiquette aux personnes en raison de leur maladie mentale. (Elles sont bien plus que la maladie !)

Récapitulation : Qu'est-ce que la dépression et quels facteurs peuvent contribuer à rendre une personne déprimée ?

- C'est normal d'avoir des hauts et des bas dans la vie. Tout le monde à « les bleus » à un moment donné. Mais dans le cas de la dépression, ces sentiments et symptômes durent plus longtemps et nuisent au fonctionnement quotidien de la personne.

- Il n'y pas une seule cause à la dépression. Toutefois, certains facteurs peuvent y contribuer dont la génétique, l'environnement, les événements bouleversants, le débalancement chimique dans le cerveau et les facteurs psychosociaux (idées négatives et pessimistes).
- Les symptômes principaux de la dépression sont la tristesse et un sentiment d'abattement la majorité des jours, qui durent pendant plus de deux semaines et qui nuisent au travail, à l'école ou aux relations d'une personne.
- Les personnes vivent la dépression de différentes manières. Par exemple, en plus de la tristesse qui les habite, elles peuvent souffrir de symptômes physiques tels que des maux de ventre, des maux de tête ou des courbatures.

Faites référence à la discussion de la séance 1 pour de plus amples informations sur la dépression.

Comment peut-on traiter la dépression ?

Voici certains des traitements de la dépression :

- Psychothérapie, aussi appelée la thérapie par la parole, qui peut englober la thérapie cognitive comportementale (aide à modifier le discours interne négatif), la thérapie interpersonnelle, et bien d'autres
- Art thérapie, qui aide à prendre conscience de soi par l'entremise du travail créatif et artistique durant des séances
- Soutien (counseling) par les pairs
- Pharmacothérapie (antidépresseurs). Les médicaments ne sont pas toujours nécessaires à moins que la dépression soit grave, persistante et nuise au fonctionnement de la personne.
- Thérapie par électrochocs. Cette méthode est seulement utilisée lorsqu'une personne ne peut pas prendre d'antidépresseurs ou que ces derniers ne sont pas efficaces et qu'elle présente des symptômes graves. Un électrochoc crée une « convulsion » dans le cerveau qui modifie alors les éléments chimiques qui régulent les émotions.

Que peux-tu faire si tu commences à te sentir déprimée ?

- Parle à un(e) ami(e).
- Consulte ton médecin de famille ou un autre professionnel de la santé.
- Mange sainement ; prends soin de ton corps.
- Participe à des activités qui te font mieux te sentir.
- Fais du yoga ou d'autres activités physiques que tu aimes.

- Essaie de ne pas entreprendre trop d'activités ou de projets en même temps. Donne-toi des objectifs réalistes et réalisables.
- Pense de façon positive.
- Laisse ta famille et tes amis(es) te donner un coup de main.

Maintenant que tu as participé au programme Entre filles, que penses-tu de la dépression et des personnes qui vivent avec une maladie mentale ?

- C'est l'occasion de permettre aux filles d'expliquer comment le programme Entre filles les a renseignées sur la dépression, la maladie mentale et les préjugés.

45 min.

2. ACTIVITÉ : AU-DELÀ DU PROGRAMME ENTRE FILLES

Divisez les filles en petits groupes de trois ou quatre et demandez-leur de faire un remue-méninges sur les façons dont elles peuvent se servir de ce qu'elles ont appris dans le cadre du programme Entre Filles. Après avoir discuté pendant environ 10 minutes, elles peuvent échanger leurs réponses avec le reste du groupe. Les animatrices devraient noter les idées soulevées pour les utiliser lors des prochains groupes d'Entre filles.

de 10 à 15 min.

3. ADMINISTRATION : POST-TEST/COMMENTAIRES ET CERTIFICAT DE PARTICIPATION

fiche 8A

Distribuez aux participantes la **fiche 8A : Post-test/commentaires**. Les participantes devraient remplir ces documents et par la suite les remettre aux animatrices.

fiche 8B

Distribuez aux participantes la **fiche 8B : certificat de participation** et remerciez chacune de sa participation au programme Entre filles.

Finalement... Célébrez !

Post-test/Commentaires

Date: ______________________ Âge : ____________ Année scolaire : __________________

Indique dans quelle mesure tu es en accord ou en désaccord avec les énoncés suivants en ENCERCLANT un numéro entre 1 et 5.

	En désaccord				En accord
1. J'ai des connaissances générales sur la santé mentale et la maladie mentale.	1	2	3	4	5
2. Je connais les causes possibles de la dépression.	1	2	3	4	5
3. Je connais des traitements et des activités qui peuvent aider les personnes ayant une dépression.	1	2	3	4	5
4. Je connais des manières d'améliorer mon estime de moi.	1	2	3	4	5
5. Je connais les effets que peut avoir le stress sur mon corps.	1	2	3	4	5
6. Je sais quoi faire pour mieux me sentir lorsque je me sens stressée.	1	2	3	4	5
7. Je sais faire la distinction entre une relation saine et une relation malsaine.	1	2	3	4	5
8. J'ai confiance de pouvoir reconnaître certains des symptômes lorsque je me sens déprimée.	1	2	3	4	5
9. Je sais où je peux obtenir de l'aide dans ma communauté si j'ai des problèmes.	1	2	3	4	5
10. Je connais des personnes à mon école ou dans ma communauté avec qui communiquer si j'ai des problèmes.	1	2	3	4	5

11. Les personnes ayant une maladie mentale sont beaucoup moins dangereuses que la population le croit.	1	2	3	4	5
12. La meilleure façon de traiter les gens atteints d'une maladie mentale est de les garder enfermés.	1	2	3	4	5

Pour faire en sorte d'offrir un programme que les jeunes filles aimeront toutes, nous avons besoin de tes commentaires sur le programme afin de l'améliorer. Tes réponses resteront **confidentielles**.

Indique dans quelle mesure tu es en accord ou en désaccord avec les énoncés suivants en ENCERCLANT un numéro entre 1 et 5.

	En désaccord				En accord
1. Le fait de parler de ce que je vis m'a aidée à me sentir plus connectée avec les autres filles.	1	2	3	4	5
2. Le fait d'écouter les autres filles parler de leurs expériences m'a aidée à me sentir plus connectée avec elles.	1	2	3	4	5
3. Les discussions m'ont permis de me rendre compte que les filles vivaient pas mal les mêmes choses que moi.	1	2	3	4	5
4. Grâce à ce programme, nous avons pu exprimer en toute sécurité nos sentiments et nos émotions.	1	2	3	4	5
5. Grâce au programme, j'ai appris des stratégies d'adaptation.	1	2	3	4	5
6. Je planifie me servir des stratégies d'adaptation que j'ai mises au point lorsque je me sentirai stressée.	1	2	3	4	5

6a. Si tu as mis au point des stratégies d'adaptation qui semblent fonctionner, indique-les ci-dessous :

____

____

____

7. Je recommanderais le programme Entre filles à une amie. 1 2 3 4 5
8. Dans l'ensemble, j'ai bien aimé le programme Entre filles. 1 2 3 4 5
9. Quelle activité as-tu préférée ?
   ____
10. Quelle activité as-tu la moins aimée ?
   ____
11. As-tu d'autres commentaires à propos du programme Entre filles ?
   ____
   ____
   ____

Nous te remercions de tes commentaires !

CERTIFICAT DE PARTICIPATION

Nom de la participante

Nous te remercions de ton énergie
et de ta participation au programme Entre filles

(École/Établissement) (Date)

Date	Animatrice
Date	Animatrice

CERTIFICAT DE PARTICIPATION

____

Nous te remercions de ton énergie
et de ta participation au programme Entre filles

____

________________ Date	________________ Animatrice
________________ Date	________________ Animatrice

Références

Adlaf, E.M., A. Paglia-Boak, J.H. Beitchman et D. Wolfe. *Detailed OSDUS Findings: The Mental Health and Well-Being of Ontario Students 1991–2005*, 2006. Disponible à www.camh.net/Research/Areas_of_research/Population_Life_Course_Studies/OSDUS/OSDUS2005_mental_detailed_fnl.pdf. Consulté le 3 septembre 2009.

Adlaf, E.M., A. Paglia-Boak, J.H. Beitchman et D. Wolfe. *Detailed OSDUHS Findings: The Mental Health and Well-Being of Ontario Students 1991–2007*, 2007. Disponible à www.camh.net/Research/Areas_of_research/Population_Life_Course_Studies/OSDUS/OSDUHS2007_MentalHealth_Detailed_Final.pdf. Accessed July 17, 2009.

Centre de toxicomanie et de santé mentale. Parlons de la maladie mentale : Guide d'élaboration d'un programme de sensibilisation à l'intention des jeunes – Ressource pour l'enseignant, 2001. Disponible à www.camh.net/fr/education/Resources_teachers_schools/TAMI/tami_teachersallfr.pdf. Consulté le 17 juillet 2009.

Équipe VALIDITY♀ team, CAMH. *Écoutez-moi, comprenez-moi, soutenez-moi : Ce que veulent nous dire les jeunes femmes sur la dépression.* Toronto, Centre de toxicomanie et de santé mentale, 2006. Disponible à http://www.camh.net/fr/Publications/Resources_for_Professionals/Validity/ValidityFr.pdf. Consulté le 17 juillet 2009.

Faulkner, A. et K. Cranston. « Correlates of same-sex sexual behaviour in a random sample of Massachusetts high school students », *American Journal of Public Health,* vol. 88 (1998), p. 262–266.

Gowen, L.K., S.S. Feldman, R. Diaz et D.S. Yisrael. « A comparison of the sexual behaviors and attitudes of adolescent girls with older vs. similar–aged boyfriends », *Journal of Youth and Adolescence,* vol. 33, n° 2 (2007), p. 167–175.

Herskind, A.M. « Sex and age specific assessment of genetic and environmental influences on body mass index in twins », *International Journal of Obesity,* vol. 20 (1996), p. 106–182.

Pipher, M. Reviving Ophelia:Saving the Selves of Adolescent Girls, New York, Ballantine, 1994.

Russell, S.T. et K. Joyner. « Adolescent sexual orientation and suicide risk: Evidence from a national study », *American Journal of Public Health,* vol. 91, n° 8 (2001), p. 1276–1281.

Skinner, R., J. Smith, J. Fenwick, S. Fyfe et J. Hendriks. « Perceptions and experiences of first sexual intercourse in Australian adolescent females », *Journal of Adolescent Health,* vol. 43, n° 6 (2009), p. 593–599.

Wight, D., M. Henderson, G. Raab, C. Abraham, K. Buston, S. Scott et coll. « Extent of regretted sexual intercourse among young teenagers in Scotland: A cross sectional survey ». *British Medical Journal,* vol. 320 (2000), p. 1243–1244.

Annexe : Queen D

Les jeunes femmes ont écrit cette section lors d'une fin de semaine de rédaction qui a eu lieu en octobre 2004. Ces conseils – qui se veulent des réponses aux questions courantes sur la dépression – viennent de jeunes femmes et non de professionnels de la santé.*

PAR KATHERINE

Q : Mon amie présente des symptômes de dépression. Elle n'aime pas aborder le sujet et je crois qu'elle nie son problème. Comment puis-je l'aider ?

A : La première chose à faire est de s'assurer qu'elle a un réseau de soutien sur lequel elle peut compter. Tu te fais du souci pour elle et il est important qu'elle comprenne ton inquiétude. Dis-lui que tu as remarqué certains symptômes et que tu t'inquiètes à son sujet. Mais surtout, ne lui mets pas de pression, car il y a fort à parier qu'elle refusera l'aide proposée au début. Le plus important est qu'elle ne se sente pas étiquetée ou différente des autres. La dépression est une maladie grave que l'on peut guérir. Laisse-la venir vers toi lorsqu'elle sera prête.

Elle ne pense peut-être pas souffrir de dépression, mais vit une situation difficile. Prépare une liste de questions à lui poser sur ses parents et ce qui se passe dans sa vie, par exemple : « Comment ça va dans tes relations ? » ou « Comment ça se passe à l'école ? », ou même « Est-ce que tu manges assez ? » Si la situation ne s'améliore pas et qu'elle en vient à se faire du mal, il faut alors intervenir et parler à des personnes responsables en qui vous avez toutes les deux confiance, par exemple des parents ou un enseignant. Au bout du compte, elle seule peut s'aider. Ton rôle est d'être là pour l'appuyer.

* Cette section donne des renseignements généraux et ses auteures ne veulent surtout pas être perçues comme voulant poser un diagnostic ou proposer un traitement pour un problème de santé. Cette section ne veut surtout pas remplacer les conseils de professionnels.

PAR TANYA

Q : Je bois avec mes amis de façon plus ou moins régulière. Certains disent que j'ai un problème d'alcool, d'autres que je suis dépressive. Est-ce que j'ai un problème ?

A : Selon le Sondage sur la consommation de drogues parmi les élèves de l'Ontario de 2003, 64,3 % des filles de la 7e à la 12e année buvaient de l'alcool.

Il y a plusieurs façons d'envisager la présence d'une dépression ou d'un problème de consommation, ou des deux. Il faut d'abord évaluer la quantité d'alcool que tu bois et à quelle fréquence. Toujours selon le Sondage de 2003, le fait de boire 5 verres ou plus d'alcool en une seule fois constitue une consommation excessive occasionnelle. Les résultats du Sondage indiquent que 23,8 % des filles de la 7e à la 12e année avaient bu de façon excessive durant les quatre semaines précédentes.

Un autre facteur important à prendre en considération est la raison ou les raisons pour lesquelles tu bois. Bois-tu parce que tes amis boivent ? Ou parce que tu as envie de boire ? Essaies-tu d'échapper à des problèmes ? Je sais que, dans mon cas, je ne pensais pas avoir un problème d'alcool. C'est seulement lorsque je suis partie de la maison que je me suis rendu compte que j'avais effectivement un problème. Je ne sortais pas vraiment souvent et je ne buvais pas souvent non plus, mais chaque fois que je sortais, c'est parce qu'on avait eu une dispute à la maison durant la semaine et que je voulais simplement oublier tout ça. Je sortais avec mes amis, je me soûlais, j'avais du plaisir et j'oubliais mes problèmes pendant quelques heures. J'étais une buveuse irrégulière. Je me souviens d'un été où je vivais à la maison et où j'ai eu une dispute avec mon père et je suis partie. J'ai vécu pendant environ un mois chez la famille d'une amie et j'ai décidé de retourner chez moi. C'était probablement les deux semaines les plus stressantes de ma vie et je me retrouvais au bar presque tous les soirs. J'ai décidé que je ne pouvais pas compter sur l'alcool pour chasser mes problèmes, car cela ne ferait qu'empirer la situation. J'ai décidé de déménager pour de bon.

Si tu crois que ta consommation d'alcool n'est pas un problème, mais que tu te sens triste ou en colère, ce peut être des symptômes de dépression. Si c'est le cas, essaie de parler à un médecin, de te rendre dans une clinique ou de consulter un conseiller. Toutefois, si tu crois que tu as un problème d'alcool, essaie d'entrer en contact avec un groupe d'entraide comme Al-Anon ou les AA. Un autre facteur qui peut t'aider à déterminer si tu as un problème d'alcool est la réaction de tes amis ou de ta famille face à ta consommation. Est-ce qu'ils essaient de t'en parler en te faisant des commentaires ou en te posant des questions comme : « On dirait que tu bois beaucoup ces derniers temps. », « Tu vas encore manquer l'école/le travail ? », ou « Pourquoi ne ferions-nous pas une activité sans alcool ? ». N'oublie pas que quel que soit le problème, il existe des ressources. Va sur Internet pour trouver des ressources à proximité, consulte l'annuaire téléphonique ou appelle Jeunesse, J'écoute au 1-800-668-6868, parle-leur de ton problème et demande-leur quelles sont les ressources dans ta localité.

PAR TIANA

Q : Je me sens déprimée ces derniers temps. Y a-t-il une routine quotidienne qui m'aiderait à mieux composer avec la dépression ou de façon plus organisée ?

A : Il n'y a pas de façon organisée de faire face à la dépression. Étant donné que la dépression est différente pour chaque personne, on a généralement besoin d'aide pour savoir quels sont les sentiments à l'origine du problème. Si tu ne te sens pas à l'aise de demander de l'aide tout de suite (ne t'en fais pas, la plupart des gens ne le sont pas), prends le temps de t'occuper de toi. Tu peux essayer d'écrire un journal personnel. Le fait de coucher nos émotions sur papier peut nous aider à organiser nos idées, difficultés et pensées confuses. Si l'écriture ne te dit rien et que tu n'es pas prête à parler de tes sentiments, essaie de te changer les idées. Fais une marche de 20 à 30 minutes par jour, prends du temps pour toi et pour réfléchir. C'est une excellente façon de soulager le stress. L'exercice augmente aussi ton niveau de sérotonine, ce qui peut chasser les idées noires. Essaie de rester active si possible, mais... si tu vois que tes efforts pour t'en tirer toute seule ne donnent pas de résultats, je t'encourage à parler à un conseiller, un thérapeute, un ami, un parent, un frère, une sœur, un enseignant, etc. Je te donne ce conseil parce que j'ai moi-même souffert de dépression (peut-être pas de la même façon que toi par contre) et je sais que ça fait éventuellement du bien de parler à quelqu'un. À moins que ce soit ton choix, tu n'es pas obligée de faire face à la dépression seule.

PAR MEAGAN

Q : Je suis une jeune fille et je suis très influencée par les médias. Je me sens bombardée d'images de la « femme parfaite ». Quand je n'arrive pas à répondre à ces critères, je vis un échec et me sens comme si je n'étais bonne à rien. Qu'est-ce que je peux faire pour ne plus éprouver ces sentiments de dépression ?

A : En tant qu'adolescente, je peux tout à fait comprendre la pression exercée pour se conformer aux critères véhiculés par les médias. Les médias excellent à vendre des produits aux jeunes femmes en leur faisant sentir que pour être acceptées par la société, elles doivent correspondre à une certaine image. Même si on comprend l'influence des médias et qu'on essaie de ne pas se laisser entraîner, il est difficile de chasser ces images. Il faut constamment se dire qu'elles ne sont pas réelles. Sois critique de tout ce que tu vois et entends. Ces images sont fabriquées, modifiées et retouchées dans un studio quelque part. Les filles dans les magazines se font maquiller, coiffer et habiller par des professionnels dans le but de vendre une image. Il ne faut surtout pas y croire. Sois à l'écoute de tes intérêts et de ce que tu peux faire au sein de ta communauté. Si tu fais partie d'une équipe sportive, que tu fais du théâtre ou deviens membre d'une organisation sociale, tu ne te préoccuperas pas de façon excessive de ton apparence. S'adonner à une activité qu'on aime et être bien dans sa peau est beaucoup plus important que de se conformer aux critères de beauté de quelqu'un d'autre.

PAR SHAUNA

Q : Je me fais du souci pour ma fille qui a reçu un diagnostic de dépression et qui s'automutile. Je suis très inquiète et je ne sais vraiment pas quoi faire pour l'aider. S'il vous plaît, dites-moi comment aider ma fille. Je ne veux pas qu'elle se fasse un mal irréparable.

A : Cher parent inquiet, j'aimerais d'abord vous dire que vous n'êtes pas seul à être témoin de ce que votre fille vit et à éprouver ces sentiments. L'automutilation est un symptôme de dépression ainsi qu'une façon d'y faire face. Plusieurs raisons peuvent expliquer le comportement de votre fille : elle peut vouloir s'autoréconforter, s'autopunir, transposer une blessure émotive pénible en une blessure physique plus facile à panser et moins bouleversante. Ce peut aussi être sa façon de vous dire qu'elle a un problème et qu'elle a besoin d'aide. Quelle que soit la raison, il faut absolument que vous reconnaissiez qu'il y a un problème. Vous ne devez surtout pas l'ignorer, l'éviter ou le minimiser. Vous devez parler à votre fille et chercher à comprendre du mieux possible pourquoi elle se fait du mal : Quelle blessure s'inflige-t-elle, avec quoi, à quelle fréquence, depuis combien de temps, etc. Il est aussi important de reconnaître que votre fille peut être mal à l'aise de parler de ce problème avec vous. Les causes de l'automutilation sont souvent confuses et ce comportement, parce qu'il entraîne généralement une grande honte et culpabilité, tend à être dissimulé.

Même si cela sera sans doute extrêmement difficile, vous devez aborder le sujet avec votre fille. Si vous ne vous en sentez pas capable, faites en sorte que votre fille voie un thérapeute ou un médecin. Si vous vous sentez capable d'approcher votre fille sur ce sujet, sachez que la plupart des jeunes femmes préfèrent qu'on leur pose des questions franches et directes plutôt que de sentir que la personne marche sur des œufs en essayant d'aborder un sujet très délicat. Si vous lui demandez « Est-ce que tu t'infliges des blessures ? », « Comment t'y prends-tu pour te blesser ? » ou, si vous croyez que votre fille a envie de se faire du mal, « Est-ce que tu veux te faire du mal ? », vous aurez plus de chances d'obtenir des réponses directes et d'éviter les tensions.

Il existe différentes façons pour les parents de soutenir un enfant qui est aux prises avec une dépression et qui veut se faire du mal. Ce soutien peut jouer un rôle important dans le rétablissement. Tout d'abord, si vous constatez que votre fille vit une longue période de déprime et pourrait avoir envie de se faire mal, ne la laissez pas seule. Suggérez-lui une activité, p. ex. regarder un film ou aller magasiner. Vous veillerez ainsi non seulement à sa sécurité, mais cela la distraira des éléments déclencheurs. L'activité physique est également un excellent moyen de juguler le comportement, car elle libère des endorphines, qui sont aussi produites lorsqu'une personne s'automutile, et provoquera le même sentiment d'« euphorie » mais sans les effets négatifs. Une autre façon d'aider les jeunes femmes à faire face à un comportement d'automutilation, surtout si elles le font pour s'autopunir et entretiennent des idées négatives, est d'écrire toutes les pensées négatives sur la moitié d'une feuille de papier et d'écrire sur l'autre moitié une pensée positive en contrepartie de chaque pensée négative. Si votre fille est déjà suivie par un thérapeute, informez ce dernier du comportement d'automutilation pour qu'il puisse en explorer les causes et proposer à votre enfant des stratégies d'adaptation. Enfin, sachez que la meilleure façon d'aider une personne qui est déprimée est de lui offrir un refuge, de la laisser exprimer ses sentiments sans la juger, de lui laisser savoir que vous la comprenez et qu'elle peut se confier à vous en toute confidentialité. Si vous assumez ce rôle, vous devenez pour elle un bouclier solide pour l'aider à lutter contre sa dépression et d'autres problèmes qu'elle peut avoir. Surtout, n'oubliez pas qu'on peut guérir d'une dépression et ne perdez pas espoir que votre fille y arrivera.

www.ingramcontent.com/pod-product-compliance
Lightning Source LLC
Chambersburg PA
CBHW081158270326
41930CB00014B/3199
* 9 7 8 1 7 7 0 5 2 4 7 8 1 *